知的生きかた文庫

運命好転十二条

小林正観

三笠書房

小林正観の「運命」を好転させる12条

第1条　さわやかであること

第2条　幸せを口にすること

第3条　素直であること

第4条　誠実であること

第5条　掃除をすること

第6条　笑うこと

第7条　感謝すること

第8条　人に喜ばれること（和顔《わがん》）

第9条　言葉を愛すること（愛語《あいご》）

第10条　おまかせすること

第11条　投げかけること

第12条　食生活

はじめに
あなたが本書に出会ったのは、偶然ではありません

人生は、「自分で書いてきたシナリオ」どおり

最初に申し上げておかなければならないことがあります。

『運命好転十二条』という本書のタイトルについてですが、実は宇宙的に言うと「運命」に良し悪しというものはありません。したがって「運命」が好転するということもなければ、「運命」が悪くなるということもありません。

どうも私たちは、生まれる前に自分で「人生のシナリオ」を書いてきたような

のです。

そのシナリオのとおりに人生が展開していくので、初めから「運命」というものは決まっています。よって「運命」が良くなったり悪くなったりということは、宇宙的には存在しないのです。

現在・過去・未来……「一生幸運が続く人」

ただし、宇宙的ではなくて、個人の感覚で「運命」の良し悪しというものを決めることはできます。

たとえば、過去形で「自分は運が良かった」と言ったとします。するとその人は、「運が良かった人」になります。

反対に、「自分は運が悪かった」と言ったとすると、その瞬間にその人は、これまでの人生が「運の悪かった人」になってしまいます。

同じように、現在形で「私は運がいい、運の強い人間である」と言ったとします。するとその人は、現在から未来にかけて「運のいい人」「運の強い人」になります。

「私は運が悪い」と言ったとすると、その人は言った瞬間に、これからもずっと「運が悪い人」になってしまうのです。

つまり、**自分が「運」をどのように認識するかによって、今までのこと、現在・未来のことが、全部「運」が良かったり、悪かったりに変化します。**

事実としては何も変わっていませんが、自分の認識によって「価値」が変わるのです。

「私は運がいい」と思った瞬間に運命は好転する

「幸せ」というのも、「運」と同じような性質を持っています。

「自分は今まで幸せではなかった」と思えば、たぶん「幸せ」ではなかったのです。

「自分は今までとても幸せだった」と思ったら、とても「幸せ」だったのです。

「これからも私は幸せだ」と思ったら、ずっと「幸せ」に生きていくことができます。

「自分は幸せではないんだ」と思ったら、これからもずっと「不幸せ」な人生を生きていくことになるでしょう。

自分の認識によって物事の価値が変わるというのは、「運命」も「幸せ」も例外ではありません。

本書の「運命好転十二条」の各項目を、日常的に実践し始めたとします。

そうすると、自分の中に、「何か日常的にツイている」「自分は運が良くなったと思える」というような手応えが感じられるに違いありません。

そう思ったときこそが、「運命」を好転させた「瞬間」です。

目の前の現象が変わったわけではありませんが、個人的には「運命」が好転したと考えた瞬間に、運命は好転したと言ってよいのです。

そういう意味で、運命を好転させると思えるような十二条を本書に掲げました。

今からあなたが「運命を好転させるかどうか」も、すでに決まっています

今、この本を手にとっておられる方は、生まれる前に書いたシナリオどおりにこの本に出会ったのです。

読んでみて、「ちょっと運命を良くしてみようかな」と思い、「運命好転十二条」を実践してみることも、生まれる前からシナリオで決まっていました。

その結果としておもしろい展開になったということも、生まれる前からのシナリオです。全部シナリオどおりに事が進んでいきます。

この本を読んで、「こんな馬鹿馬鹿しいことをやってみる気にはなれない」と放り投げても一向にかまいません。「読んでも何もしない」というのも生まれる

前から決まっていたことです。

この本に一生涯出会わない人も、生まれる前からのシナリオで決まっていることなのですから。

もしかしたら、あなたはとてもとてもラッキーな人かもしれません。

この本に出会うようにシナリオを書いていたこと自体が、あなたの「運命」を好転させていくかもしれないからです。

「運命好転十二条」をやっていったらどんどん変わっていった、自分の今までの生き方から変わっていったと思えるようになったら、とても素晴らしいことです。

でも、それも自分の書いたシナリオです。生まれる前に書いたシナリオどおりになっていった、そのように自分の人生が展開するようになっていた、ということにほかなりません。

小林正観

もくじ

第一部

【基本編】「運命」は、出会いによって運ばれてくる

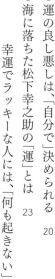

第二部

【実践編】「運命」を好転させる十二条

——「さ・し・す・せ・そ・わ・か」「和顔《わがん》」「愛語《あいご》」「おまかせ」「投げかけ」「食生活」

第四条 誠実であること 70

第五条 掃除をすること 78

第八条　人に喜ばれること（和顔《わがん》）　122

第九条　言葉を愛すること（愛語《あいご》）　148

第十条 おまかせすること 176

編集協力◎株式会社ＳＫＰ　小林久恵
株式会社ぷれし〜ど　高島亮
ＰＲＯコーポレーション

第一部

【基本編】

「運命」は、出会いによって運ばれてくる

運の良し悪しは、「自分で」決められる

「運命」という言葉を『広辞苑』で引くと以下のように書いてあります。

「運命——人間の意志にかかわりなく、身の上にめぐってくる吉凶禍福《きっきょうかふく》。それをもたらす人間の力を超えた作用。人生は天の命《めい》によって支配されているという思想に基づく。めぐりあわせ、転じて、将来のなりゆき」

つまり人の意志や力を超えたところに、何かものすごく大きな力が存在する、という考え方です。

さて、この「運命」という言葉の一部を切り取った言葉が「運」です。

「運」は「運命」の中で、もっと限定的に使われていると解釈するとわかりやすいでしょう。「くじ運」「恋愛運」「結婚運」「商売運」「仕事運」というように、かなり限定的に語られることが多いようです。

しかし、この本では「何々運を良くする方法」というものについては触れませんでした。

本書では、「運」という言葉を、**「運命全体を良くする」「運命全体を応援してもらう」**というように、広い意味で使っています。

「はじめに」でも述べたように、もともと宇宙的には「運命」に良し悪しというものはありません。

ただ、私たちは、個人の感覚で「運がいい」「運が悪い」などと、**勝手に決めているだけ**です。

自分の認識いかんによって「運命」の見方も変わります。

ですから、

「運」がいいと思った人は「運」がいいのです。
「運」が悪いと思った人は「運」が悪いのです。

運の良し悪しは、自分で決めることができるのです。

海に落ちた松下幸之助の「運」とは

よく引き合いに出す話ですが、経営の神様と謳《うた》われた松下幸之助さんは、若い頃、大阪の築港《ちっこう》というところから埋立地にある会社まで小船で通っていました。

ある夏の日の夕方、会社から帰ってくるときに、船縁《ふなべり》に腰を下ろして足をぶらぶらさせていました。

そこにある船員が右に左に均衡《きんこう》をとりながら船縁を歩いてきて、幸之助さんをまたいで通ろうとしました。

ところが、その船員が足を滑らせて落ちそうになってしまったのです。

そのとき、船員が目の前の幸之助さんの体をつかんだために、幸之助さんと二人でドブンと海に落ちてしまいました。

このことを幸之助さんは、後世このようにまわりの人に語っています。

「**わしは運が強かった。**もし冬の寒いときであったらたぶん助からなかった。夏の日に落ちて幸運だった。

わしは運が強かった。さらに船長がすぐに気がついて引き返してくれて引き上げてくれたので助かった。

わしは運が強い」

九死に一生を得たのですから、幸之助さんが「運が強い」というのもわかります。しかし本当に「運」が強い人は、たぶん海に落ちたりはしないものです。

海に落ちるという経験は大変めずらしいもので、一生涯、船から海に落ちたことがないという人がほとんどのはずです。

そこで、落ちること自体が幸運ではない、ツイていないということになると思うのですが、それを幸之助さんは、**落ちたけれども「ラッキーだった。わしは運が強い」というふうに言い換えることができた人**でした。

幸之助さんはどんなに不運に見舞われても、いつも「わしは運が強い。わしはラッキーである」と言い続けた人だったようです。

その結果、幸之助さんのまわりの人は、「自分は運が強い」「幸運でラッキーだ」「ツイている」と言い続けている人には、「運」がついて回ってくるのではないかと考えるようになりました。

幸運でラッキーな人には、「何も起きない」

同じように、車にはねられた体験を持つ人のなかには、たまたま1週間程度のかすり傷ですんだ、命に関わるようなことではなかったということで、「自分はラッキーだった。運が良かった」と言う人がいます。

そのように考えてはいけないと言っているのではありません。そのように考えられることはとてもいいことなのですが、本当に「運がいい人」というのは、車に当たらないのではないでしょうか。車にはねられることはないと思います。

つまり、このように考えていくと、**「運」の良し悪しというものには、絶対的なものがない**ということに気がつきます。

自分が「運がいい」と思った人は、とことん「運がいい」のです。自分が「運が悪い」と決めた人はとことん「運が悪い」のです。

さらに言うならば、実は、本当に「運がいい人」、「幸運が続いている人」というのは、何も起きずに平穏な日々がずっと続きます。

健康である。普通に食べられる。普通にビールが飲める。普通に働ける。普通に勉強ができる。普通に家族とおしゃべりできる。普通に歩くことができる。

これが最高の「運」の極みだと思います。

幸運でラッキーな人には、何も起きないのです。

何も起きないことが最高の幸運なのですが、人間というのは悲しいことに何かが起きたときに、その出来事の中で比較的ラッキーだったと思うことを拾い上げて、「自分は幸運だった。ラッキーだった」と考えるようになっています。

その考え方はとてもいい考え方ではあるのですが、宇宙的な意味では、本当に幸運でラッキーな人は、何も起きないのです。

でも、**何も起きない人、平凡な日々をずっと24時間、３６５日送っている人ほど、「自分がラッキーで、幸運である」という自覚がありません。**それが当たり前だからです。

本当の幸運というのは、何も起きないで、普通の日々、普通の時間が淡々と過ぎていくということです。それ以上の幸運、幸福はありません。

自ら動くことで「運」を変える

中国で書かれた最古の占い書『易経《えききょう》』という本があります。この本の「周易繋辞下傳《しゅうえきけいじかでん》」の第一章に「吉凶悔吝《きつきょうかいりん》は、動に生ずる者なり」と書いてあります。

「吉」と「凶」は説明するまでもないと思いますが、「悔《かい》」は凶にいながら後悔して吉に向かっていくこと、「吝《りん》」は吉にいながら遊びまわり凶に陥ることです。

吉・凶・悔・吝、つまり「運の良し悪し」は「人々の動き」から生まれる。

「運は動より生ず」ということです。

この「運は動より生ず」ということを文字通り実践した人がいます。坂本龍馬です。

坂本龍馬は天保6年（1835年）11月15日に生まれ、慶応3年（1867年）11月15日に亡くなりました。

坂本龍馬は、土佐藩を脱藩した1862年から京都で亡くなる67年までの約5年間に、なんと4万1000キロも動き回りました。

高知を出てからというもの、京・大坂へ、江戸へ、福井へ、長崎へ、鹿児島へ、そして江戸に行ったかと思うとまた京・大坂へと、日本列島の西半分をめまぐるしく奔走《ほんそう》しました。

仮に年間200日移動したとすると、1日の平均が41キロメートル。年間約8200キロ近い距離を移動し続けたのです。

もちろん船で動いた、籠《かご》で動いた、馬に乗ったということも含みますが、その頃は新幹線もありませんし、車もありません。そんな時代にこれだけ動いたのです。ものすごい動き方です。

その結果として、世の中が動き、明治という維新政府が成り立っていくことになります。もし坂本龍馬がとても虚弱な体でほとんど動けない人であったなら、どんなに優秀なことを考え、どんなに素晴らしい人であっても、たぶん歴史は動かなかったでしょう。

「運は動より生ず」なのです。「動」の積み重ねによって世の中が動きました。

「視野が狭い人」は、「運」が開いていかない

すごい人というのは本当にすごい動き方をしているのです。「運は動より生ず」という言葉が説得力を持ってきます。

もしも、「自分は運が悪い。なかなか運が開けていかないいな」と思う人がいたら、こう考えてみたらどうでしょうか。

動き方が足りないのではないだろうか。

もしかすると、半径2メートル以内の問題ばかりを上げつらねているのではないだろうか。

夫や妻の悪口を、親や子どもの悪口を、友人・知人の悪口を、いけないところを探して、そればかりを言っているのではないだろうか。

視野がものすごく狭いのではないだろうか。

会社の中の問題や同僚の悪口ばかりに目がいってないだろうか。

このように狭いところで物を見ている人というのは、たぶん「運」が開けていかないのです。

「運は動より生ず」という言葉は、大変深いものを私たちに教えてくれているような気がします。

出会いによって「変わるもの」と「変わらないもの」

「運命」というのは、**「運ばれてくるもの」「運ばれてくる命題《めいだい》」**のことを言います。

「運ばれてくるもの」というのは、大変おもしろい表現です。何によって運ばれてくるのかというと、「人」によって運ばれてくるのです。

「人との出会い」の積み重ねが「運命」になります。

狭い意味で「人との出会い」ですが、広い意味では「生物すべてとの出会い」を含みます。

たとえば、どこかでサボテンの鉢植えを買い、窓辺にずっと置いていたとします。何かのときに2階の窓から1階に鉢を落としてしまいました。急いで当たってけがをした人がいないか、サボテンは大丈夫なのかと確認しようと階段を駆け降ります。

あわてていたために階段を踏み外して足を捻挫《ねんざ》してしまい、病院に何日か入院することになってしまいました。

そこでとても素敵な看護師さんに出会い、恋愛をし、その後、結婚したとしましょう。

そうすると、そのサボテンとの出会いから結婚に至るまでの「運命」が決まっていたことになります。

「運命」とは、本来「人との出会いによって運ばれてくる命題」を言いますが、広い意味では「生物1つひとつについて出会うこと」です。

猫を拾ってきた、その猫との付き合いの結果として自分の人生がちょっとカーブを切った、新しい展開になったということもたくさんあります。

そう考えると、「人」だけでなく、「植物」に出会うことも、「動物」に出会うことも、もっと幅広く言うならば「鉱物」に出会うことも全部「出会い」ということになります。

「それ」に出会ったことで、「運命」が少しずつカーブを切っていくのです。

「運命」と「宿命」の違いとは？

「出会い」の積み重ねが「運命」ですが、何かとの出会いによって変わらないものもあります。

たとえば、生年月日や出生地、性別、どんな親の下に生まれたのか。さらには、どういう時代に生まれたか、どういう国に生まれたのかということも、生まれてきた瞬間にすでに決まっています。

こうしたことは、自分の意志で、自分の希望によって変えることができるものではありません。カーブを切るとか、内容を変えるとかという類いのものではないのです。

このように、**生まれついた瞬間からその人を規定するようなものが決まっている。これを「宿命」と言います。**

本来の読み方は「しゅくみょう」ですが、「しゅくめい」とみんなが間違って読んだ結果「しゅくめい」が一般的になってしまいました。

それに対して、先ほども述べたように、「運命」は、今、生きている人間が、その時々にカーブを切ることができるものです。

何かとの「出会い」をきっかけに、こちらを選択した、あちらを選択した、右に行くことを選んだ、左を選んだなど、それを自分の意志で選んでいるように見えるもの、それが「運命」です。

すべてその人自身が「決めたこと」

ただし、小林正観的宇宙論でいうと、「運命」もすべて「宿命」であると言えるのです。

とてもわかりにくい話かと思いますが、人と出会うことも、猫に出会うことも、サボテンの鉢植えに出会うことも、全部生まれる前に決まっていました。全部自分で書いたシナリオです。

どういう親を選び、どういう家に生まれ、どういう名前をつけられ、兄弟の構成はどういうものであるのか、何を選択し、何を選択しないかということさえも、すべて含めてシナリオに書いて生まれてきたらしいのです。

今、この本を手にとっているあなたは、生まれる前からこの本に出会うことが決まっていたということです。

そう考えると、そのシナリオのとおりに人生が展開していくので、はじめから「運命」というものは決まっています。

人と出会うことも、猫に出会うことも、サボテンの鉢植えに出会うことも、全部生まれる前に決まっていました。全部自分で書いたシナリオです。

ですから、生まれる前の話でいうと、全部が「宿命」とも言えるのです。全部自分の意志で、自分で決めてこの世に出てきたということです。

「はじめに」で書いたように、「運命に良し悪しというものはない」というのは、この認識をベースにして成り立っています（ただし、先ほども述べたように、個人の感覚で「運命」の良し悪しというものを決めることができます）。

もともと自分が生まれる前に書いたシナリオが目の前に現象として起きるのです。病気や、事故、災難も、トラブルも、全部自分がシナリオとして書いたものであった。**時間が来たからそれが起きている**ということにほかなりません。

たとえば、「人生には不幸や悲劇というものは存在しない。そう思う心があるだけだ。そして同じように、幸福というものも存在しない。そう思う心があるだけだ」という考えを私は述べてきました。

そういう考えに触れた結果として「悩み、苦しみが軽減された、正観さんの本に出会えてよかった」と褒《ほ》めてくださる方がおられます。私としては少し面《おも》はゆい感じがします。

なぜなら、私の本に出会うこと、私の話に出会うことも、全部、その人自身が自分のシナリオで生まれる前に決めてきたことだからです。

なぜ、「未来を心配することは無意味」なのか

もう一度言いますが、宇宙的な意味での「運命」の良し悪しというものはありません。したがって宇宙的な意味では、「運命」が好転するとか、悪くなったとかいう言い方はできません。

すべてのことは、生まれる前に自らが書いたシナリオなのです。一般的に「宿命」と思われているものも、一般的に「運命」と思われていることも、実は宇宙的な意味ではすべて「宿命」です。

ただ、「宿命」は基本的につくり変えることはできませんが、**一般的な意味での「運命」は、今、目の前でどちらかを選ぶことはできます。**その意味では、大

変おもしろく興味深いものです。

こちらを選んだらどうなるだろう、いや、こちら側を選んだらもっとおもしろいのではないかと、いつも自分の意志でおもしろがることができます。

そしてどちらを選んだかによって、どちらかの結果が得られるわけですが、どれを選ぶか、どうなるかも、全部生まれる前に決めていたことです。

ですから、**基本的には何かを選んで一喜一憂するという生き方は、やめたほうがいい**と思います。その必要はまったくありません。

生まれる前に、何を選ぶかはすべて決めてきたことであり、これは良くて、これは悪い、この選択は良かったが、この選択は悪かったというものは、宇宙的には存在しないのですから。

「努力や頑張りだけでは到達できない世界」を思い出す

あるプロ野球の選手が引退会見をしました。その年限りで野球生命を終えるという記者会見です。

そのときに言った理由というのが、「体力が持たなくなった」というようなことでした。

あとで聞いた話によると、本当は違う理由だったようです。これは公表されていないことですが、その選手は親しい友人にこう言ったといいます。

「昨年はポテンヒットやイレギュラー安打、ボテボテの当たりだが野手の間を抜くヒットというようなものが著しく少なかった。今年はまったくなかった。野球の神様が野球をそろそろ辞めたらどうかと言っているように思えるので、今年限りで辞めることにした」

この人は努力と才能によってすごい選手だと思われてきました。しかしこの選手の根っこには、野球の神様との対話があったようです。

もともと私はこの選手がとても好きでしたが、この話を聞いてさらに大好きになりました。

「今の成功はすべて自分の実力だ。自分が頑張って才能を磨き、努力してきたからだ」と言う人は結構少なくありません。

しかし、この選手のように「野球の神様が味方をしてくれているから、自分はやっていける」と思っていた人が世の中にいることは、私にとってとても大きな喜びでした。驚きでもありました。

毎日は「おかげさま」でできている

私たちは自分が何かを成したときに、「自分の実力だ」と思いたがります。「すべてのことは、全部自分の努力と頑張りによるものなのだ」と思うように教え込まれてきたからです。

しかし、**どうも自分の努力や頑張りでは到達しえない世界があるようです。**

その世界というのは、四次元的なもの、私たちの手が届かないものなのかもしれません。

生まれる前には、そうした四次元的なものと関わりがあったのですが、生まれたあとには三次元的な、肉体的な存在として、その世界との約束は忘れてしまいました。

しかし、少しずつ思い出す方法があります。

それは、**「自分の実力や力によって物事が成り立っているのではない」**と考えることです。

「すべての出会いに感謝をし、すべてのことを喜び、自分の力などはどこにもない、全部おかげさまだ」と思いながらやっていくという方法です。

そのように考えて生きている人は、謙虚に生きることができます。うぬぼれずにすみます。

ですから、「運命好転」という話も、基本的には「自分の頑張りや努力によって何かが成り立っているのではない」ということに立脚《りっきゃく》しています。

努力して頑張ればいいのではなくて、「神様に好かれる方法論」とでも言ったらいいのでしょうか、**四次元的な方たちを味方にする方法、その方たちに味方になってもらう方法**ということになります。

第二部

【実践編】

「運命」を好転させる十二条

——「さ・し・す・せ・そ・わ・か」「和《わ》顔《がん》」「愛《あい》語《ご》」

「おまかせ」「投げかけ」「食生活」

運命好転 第一条

さわやかであること

お金や勝ち負けにこだわらず、
さわやかに生きる人を
神様は応援します。

「美しい生き方」はすべてを味方にする

お金や勝ち負けに固執して、美しくない、さわやかでない行為を見せてしまうことがあります。
神様はどうもそういう人をあまり応援したくないようなのです。

最初にスポーツを例にとって述べましょう。

スポーツは、とくに**「さわやかさ」**が要求されるものです。
スポーツは、勝ち負けを便宜《べんぎ》的《てき》に争ってはいるけれども、実は勝ち負けを争うゲームをしている人たちのさわやかさ、さわやかな行動が、そこに参加している人、それを見ている人たちに癒《いや》しや安らぎを与えるのです。

したがって、「勝つためには手段を選ばない」「もう少し気分よくできる方法があるのに姑息《こそく》な手段を使う」という人は、まわりからも神様からも評価されません。

気持ちよく、みんなが笑顔になるような「さわやかさ」「美しさ」というものがとても重要なのです。

ある強い力士がいました。

その力士は常々「相撲は喧嘩《けんか》だ」と言い放ち、土俵を割って力を抜いた相手の力士を土俵下に突き飛ばすというような事例がよく見られました。

印象としては、さわやかなものではありません。

相撲は強かったのですが、あまり美しい土俵態度とは言えませんでした。

本人は、「理不尽な」と思っているでしょうが、その力士は、結局、土俵とは関係のないことで問題を起こし、その結果として力士を辞めざるを得ないような形になったのでした。

あるスケートの選手が大きな大会で演技をしていたときのこと。スケート靴の紐が切れて倒れてしまいました。もう競技では1位・2位・3位というレベルではありません。そこで棄権《きけん》してもおかしくないくらいの出来事です。しかし、その選手はリンク脇に駆け寄り、靴紐を直し、にこやかに出てきて、また残りの時間を演技し続けたのです。

もはや勝敗には関係ありません。入賞すらできません。ですから途中で棄権という選択肢もあったのですが、この選手は笑顔で演技を続けたのです。とてもさわやかな印象でした。優勝をした選手のときよりも大きな拍手で会場が包まれました。

こういうさわやかな選手を観客も、神様も応援するようです。

スポーツ選手は、さわやかであること、勝敗を競ってはいるけれども勝敗にこだわらない美しい姿を見せることが重要です。

ルールに則り、鍛錬《たんれん》した肉体や技術を駆使《くし》して勝敗を競うゲーム。それを「スポーツ」と呼ぶのですから、そこで勝敗を争って当然ですが、勝敗にこだわりすぎて、あまりにも美しくない姿を見せると、それはかえってマイナスになります。

勝つために選択した手段があまり美しいものではなかった、さわやかなものではなかったという場合には、神様はその人を応援するということをしたがらないようです。

◆いつも「さわやかさ」を忘れないようにする

さて、わかりやすいようにスポーツを例にとりましたが、**実生活の中でも美し**

くない振る舞いをすると、それが自分に返ってくる場合があります。

仕事や商売も同じこと。お金や売り上げにこだわるあまり、人が眉をひそめるようなやり方を宇宙は好まないようです。

これは極端な例ですが、阪神大震災のときに1杯5000円のラーメンを出したラーメン店がありました。他に開いているお店もなく食べる物も少ないので、多くの人がそのラーメン店に並びました。

ところが、半年経ったあとは誰ひとりとして行かなくなったといいます。しばらくしてその店は倒産したということでした。

こういうときほど「人間性」が問われます。混乱の最中、お金を稼ごう、仕事を成功させようと思った結果、人間としての基本的な「さわやかさ」というものが忘れ去られていたのかもしれません。

「美しい商いの行為」ではなかったように思います。

そういう状況を神様や宇宙は応援しないように思います。

運命好転 第二条

幸せを口にすること

「私は幸せ」

と言える人は謙虚な人。

「私ほど幸せな人はいない」

と言い続ける人は、 幸せになる。

まわりが「明るい人」「楽しい人」でいっぱいになる口グセ

神様は、「私は不幸だ。ツイていない」と言う人を応援するようには思えません。逆に**「私は幸せだ。ツイている」と言う人、そう口にできる人を応援するように思えます。**

たとえば、家族の前で「私くらい幸せな人はいない。私ほどいい人生を送っている人はいない」とつぶやいたとします。

その声はたぶん夫にも聞こえ、子どもにも聞こえることでしょう。

その声を聞いた夫はこう思うのです。

「自分と一緒にいた20年も含めて幸せだと言っているんだな。ということは、自分との20年も幸せだったというふうにとらえてよいのだな」と。

その結果、夫の細胞は活性化します。そのひと言によって本人も気がつかないところでどんどん元気になります。「あなたのおかげでいい人生だった」と言われたようなものですから、元気が増すのです。

子どもたちの立場で考えてみます。お母さんが子どもたちと一緒の十数年の人生が楽しかったと言ったわけです。

子どもたちはその母親に対してこう思います。「ああ、お母さんは僕たちと一緒の人生を良かったと考えているんだな」と。

そう思った瞬間に、子どもの細胞も活性化します。元気になります。

友人に対しても同じことが言えます。「ああ、私くらい幸せな人はいない」「私は本当に恵まれていて、いい人生を送らせてもらっている」と友人の前で言ったとします。たとえば、その友人と10年のつき合いだったとしたら、そのつき合いの10年も含めていい人生だと言われたわけです。自分たちの存在もその幸運でラッキーな人生の中の一部ととらえることができます。

その言葉を聞いた途端に友人たちも元気になるのです。

まわりの人はその言葉を聞くことによって元気になるので、その人のそばにいる時間が心地よくなります。その人のそばにもっといたいと思うようになります。

ですから、**「私は幸せ」「私はとてもツイている」と、口にすればするほどまわりの人がどんどん味方になっていきます。**

これは、もともと明るく元気な人ほどそう思います。

反対に、暗くて愚痴《ぐち》や泣き言ばかりが好きな人というのは、「私は幸せ」「ツイている」といった明るい言葉に対していい印象を持ちません。

故に、そういうことを口にする人のそばから離れていきます。

ですから、**「私は幸せ」と口にする人のまわりには、前向きな言葉の好きな明るい人、快活な人、元気な人だけが残ります。さらにそういう言葉が好きな人が集まってきます。**

「明るい人の集まり」からは、「明るいもの」が生まれる

そのように、明るい人が集まってきて、そこで愚痴を言わないでニコニコと楽しく話をしていると、新しい話が生まれ、新しい笑顔が生まれて、新しい仲間がどんどんつくられていきます。

楽しい仲間と楽しい話をしていると、また楽しいことやものが生み落とされるようになります。

暗い人たちが集まっているところでは「暗いもの」しか生まれませんが、明るい人たちが集まっているところでは「明るいもの」が生まれるのです。

「私は不幸です」「ツイていません」などと愚痴や泣き言をずっと言い続けて、

それで理解をしてもらおう、同情をしてもらおうというのもひとつの方法なのかもしれません。

しかし、それらを言い続けることで、「自分は不幸だ。ツイていない」と印象づけたとすると、まわりにいる人たちは次第に去っていきます。「私は不幸だ」ということの中にその友人関係も全部含むからです。

先程とは反対に、明るく楽しい人ほど去っていきます。

愚痴や泣き言を言うことで、実は「目の前のよき友人」を全部追い払ってしまう、友人たちとの関係をどんどん悪くしてしまうということに、早く気づいたほうがよさそうです。

「私は本当に幸せ」「私くらい幸せな人はいない」と言い続けると、その結果、家族も元気になり、どんどん味方をしてくれます。友人も味方になって応援をしてくれます。支援をしてくれます。

そんな人を神様は応援してくれるように思います。

運命好転 第三条

素直であること

「だって」や「でも」と切り返さず、
「なるほど」「そうね」と
受け入れる生き方。

「こだわり」「とらわれ」を手放すとラクになる

ある女性が、私にこんな質問をしました。

「夫が死んで1年になりますが、まだ納骨していません。友人や親戚をはじめ、家に訪れる人みんなが早くお墓に入れたほうがいいよと言ってきます。

でも、正観さんの本を読むと、お墓だとかあの世のことにいちいちこだわる必要はない、と書いてあります。

ですから、そんなことにこだわらなくてもいいのですよね。別にお墓に入れなくてもいいですよね」

そこで私は苦笑いしながらこう答えました。

「こだわる必要はありませんが、しかし訪れる人みんなが『お墓に入れたほうがいいですよ』と言っているのに、なぜ入れないほうにこだわるのですか。

こだわらなくていいのであれば、すぐに納骨してもいいのではありませんか。そのほうが問題は少ないのではないですか。

私が『こだわる必要はない』と言っているのは、どちらに対してもこだわらないほうがいいということを言っているのであって、こうしたほうがいいという方向性を言っているのではありませんよ」

答えが予想外だったのか、その方は絶句してしまいました。

「こだわらなくていいのだ」と、多くの人の意見にまったく耳を貸さなかったわけですが、それが逆に「遺骨を墓に入れない」という「こだわり」になっていたように思えるのです。

私は、「みんなが納骨したほうがいいよということであれば、とくに問題ないのだから素直に入れればいいのではないですか」と指摘したのです。

このような話があったときに、「わかりました。じゃあお骨を入れてきます」と言うのを「素直」といいます。

イライラするのも自分、しなくなるのも自分

もうひとつの例。子どもに向かって腹を立てる、怒る、怒鳴《どな》る、声を荒げる、ということをずっとしてきたお母さんがいました。

「確かに怒鳴ったり怒ったりしないほうがいいとは思いますが、子どもが口答えをすると、本当に腹が立ってもっと激しく言い返してしまうのです」

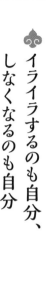

イライラしているのは自分、イライラしなくなるのも自分です。

子どもに対してつい強く言ってしまうというのは、その方の弱い者に対する態度を示しているのかもしれません。

もし子どもが見上げるような大男であるなら、たぶん怒鳴りつけたりしないでしょう。

自分よりも体が小さくて弱い立場だから怒鳴っているのかもしれません。そういう意味で弱い者に対して刃が向いているのかもしれないのです。

ですから私は、そういうことをやめるよう提案しました。

そうすると、そのお母さんは、こう答えました。

「でも、世の中のお母さんってみんなそうですよね」

「でも」と話をかわす方は、みなさん同じようなことをおっしゃいます。

「はい、わかりました。よくわかりました」とはなかなか言いません。

「でも、世の中の人ってそうしてないですよね」

「だって、みんなそういうふうにしていますよね」

などと、同じようなパターンで話をかわそうとします。

自分の問題として受け入れなくてはいけないものがあるというように話が向いてきたときに、必ず「うっちゃり」をくわせようとするのです。

おもしろいと言えばおもしろいのですが、これをひと言で言えば「素直でない」と言います。

「受け入れない」ということを前提に一所懸命考えた結果、出てくるのが、そのうっちゃりの方法です。

受け入れることができたら、たぶん「わかりました」と言うに違いありません。

世の中のこと、世の中の人たちはどうでもいいのです。

実際に世の中の大多数の親が子どもを怒鳴っているのか、感情的に声を荒げているのか、私にはわかりませんが、**「世の中はそうなってますよね」というのは自分の都合のいいように言っていることにほかなりません。**9割方の親は怒鳴っていないかもしれないのです。

自分に都合の悪いことを言われたときに、「世の中の多くの人がそういうふうにしているじゃないか」とうっちゃりをすることはやめることにしましょう。

「そうか、それをやめたら自分は楽になるんだよね。それをやめたら子どもと関係がよくなるんだよね」と思ったら、素直にそれをやってみてはどうでしょうか。

自分の問題として「そうじゃないほうがいい」と言われたら、「なるほど、そうですね」と受け入れたほうが自分が楽になると思います。

「なるほど、そうですよね」という素直な生き方

ある方と1時間ほどお話をしました。その方も自分なりの考え方がたくさんあると思うのですが、私は最後にこのような話をしました。

「〇〇さん、あなたは私が話したことに対して、すべての受け答えを『でも』と『だって』で始めました。

『でも、何々ですよね』『だって、これはこうじゃありませんか』と。

『なるほど、そうですよね』という受け答えで始まったものはひとつもありませ

んでした。

そういう考え方、生き方をやめて、『なるほど、そうですよね』という受け答えをまずするようにしたらどうでしょうね。

そうしたら人生がずいぶん楽になり楽しくなると思いますよ」

自分のことをわかってもらいたい、自分の主義主張を唱えたいという気持ちはわかるのです。

しかし、**言い返すことによって味方が得られるとは思えませんし、逆に敵をたくさんつくっているかもしれません。**

その相手が家族や、子ども、同僚であったり、仲間や、友人であったりしたときには、味方をつくるどころか、どんどん敵を増やしていくような気がします。

聞き入れるかどうかは別として、人の話はいちいち「だって」や「でも」で切り返すのではなく、「なるほど、そうですよね」と聞いておけばいいのではないでしょうか。

そして、取り入れられるものは黙って取り入れる。
取り入れられないものは自分の感覚で黙って切り捨てる。

そんな素直な生き方も、ひとつの生き方だと思います。
宇宙も神様も「素直な人」を好むように思います。

運命好転 第四条

誠実であること

示された善意や好意を「ありがとう」と受け入れ、それに応える人間関係。

「繁盛するお弁当屋さん」の秘密

ある会社の話を聞きました。お弁当屋さんだそうです。

このお弁当屋さんは、1日5万食まで対応できるとのことでした。

たくさんの数に対応できるというのはそんなにめずらしいことではありませんが、この会社のすごいところは、当日の朝までなら何百食ものお弁当もキャンセルできるということです。

たとえば、朝から雨が降っていて、昼過ぎからはもっと激しい雨になりそうだというときは、屋外で行なわれる運動会などは中止になったりします。

そうすると当然昼食もいらなくなるわけですが、朝のうちならキャンセルしてくれていいという方針なのだそうです。キャンセル料もかかりません。

一度頼んだものは、どんなに天気が悪くてもちゃんと引き取ってほしいという方針の会社に対しては、運動会の主催者や父兄は防御せざるを得ません。

つまり、その会社に頼むのではなく、自分たちでお弁当を持ってこようという方向になります。

ところがそのお弁当屋さんのようにキャンセルしてもいいとなると、「自分たちでお弁当をつくるよりは、そこに頼むといいよね」となり、業績はどんどん拡大することになりました。

実際にそのお弁当を食べてみましたが、決して手を抜いているわけでもなく、味もとてもいいものでした。

このような仕事をしていれば、お客さんはついてくるし、また注文してくれると考えられます。

ひと言で言うと、「お客さまのことを考えた誠実な生き方」ということにほかなりません。

「二度と誘われない人」の特徴

私自身、若い頃に、いろいろな会の幹事を兼ねていたことがあります。

とくに忘年会や新年会などではたくさんの人に連絡を取る必要があったのですが、毎回、毎回「この日だったら空いていたのに」というように自分の都合を言ってくる人がいました。

何回かそういうことがあるうちに、その人の空いている日を確認してから、日程を調整して他のメンバーに案内を出すことにしました。

ところがとてもおもしろいことに、「この日でなければならない」と言った人ほど当日に来ないのです。

当日の朝ならまだいいほうで、当日の昼過ぎ、あるいはその会の直前になって、こんな電話が入ります。

「用事が入って行けなくなった」

用事は勝手に「入った」のではありません。用事はその人が「入れてしまった」のです。

一度約束をし、それも自分の都合でこの日でなければならないと言ったにもかかわらず、そういう人ほど「用事が入っちゃった」という言い方で平然とキャンセルするのです。何回も何回も同じ人が同じことをやります。

次第にその人に連絡を取らなくなり、結局、その人はその仲間の集まりには誘われなくなりました。

同じような例で、よく講演会の中で引き合いに出す話ですが、ある講演会に「土曜・日曜・祝祭日を選んでほしい。そういう日でなければ行けない」と言ってくる人がいたそうです。

主催者はその方に配慮をし、私に日程の変更を求めてきました。私もできる限りそれにお応えしようとしました。そして当日を迎えます。

すると、なぜかその日の開催を要求した人が来ていないというのです。主催者が「あれほど休日開催を主張した人だったのに、どうして来なかったのだろう」と不思議に思い、講演会が終わったあとに連絡をしてみたら、結果は、「用事が入っちゃった」というものでした。

忘年会の人と同じように「用事が入った」という言い訳です。

その人の要望によってその日にしたにもかかわらず、主張していた人が来ない。これを「不誠実」といいます。

◆「相手の誠意に応えよう」という姿勢が大切

なぜそうなるのかということの因果関係も大体わかっています。

それは、**「この日でなければならない。この日にしてほしい」と主張する人ほど、相手の都合に合わせようという概念がありません。**

「自分の都合のいい日だったら行けるけどね」と暗に言っているわけです。そして自分の都合のいい日にしてもらっても、さらに何か用事があれば自分の都合を優先します。

そういう人は、「まわりの人がそれなりに苦労したのだろう。自分のために配慮をしてくれたのだろう。その誠意に応えよう」という気持ちが、もともとないようです。

このような生き方、こうした人間関係を積み重ねていけば、最終的にどういう人間関係になるかというのは容易に想像されます。

心ある友人、誠実な友人というのは当然相手にしなくなるでしょう。

何かいい話や楽しい話があっても、その人には連絡が来なくなります。「やります」「引き受けました」と言っても、本当にその人がやってくれるかどうかもわかりません。心ある人ほど、その人からどんどん遠ざかっていきます。

繰り返し言いますが、用事は「入っちゃった」のではありません。「入れてしまった」のです。自分のためにたくさんの人が都合をつけてくれたという場合は、少なくとも用事を入れないほうがいいと思います。

好意や善意に100パーセント応えること、すべての好意や善意を受け入れられる人は菩薩《ぼさつ》の領域だそうです。そこまでは無理としても、「相手を慮《おもんぱか》り、相手の誠意に応えよう」と誠実に向き合うようにはしたいものです。

ここにあげた例で言うと、自分に示された好意や善意に対して「ありがとう」と言って受け入れたままではよいのです。それを引っくり返して、受け入れられない、応えられないということをくり返していくと、おそらく人間関係は悪くなります。宇宙も味方をしなくなることでしょう。

「ばか正直に誠実に生きる」というのは、古い価値観かもしれませんが、結構大事なことのように思えます。

運命好転 第五条

掃除をすること

神様はきれいな場所が好きらしい。
居場所がないとすぐに
出て行ってしまう。

神様が好きな3つの「きれい」

宇宙の法則のひとつに、「神様は、きれい好きであるらしい」というものがあります。

神様はきれいなこと、きれいな人、きれいな物が好きらしいのです。

たとえば女優さん。あまり認めたくないかもしれませんが、演技が上手であるか上手でないかとは別に、目鼻立ちが整っていて、顔かたち、姿かたちがきれいな人は、それなりに人気を博します。

応援をいただけるわけです。これは人からの人気だけではなくて、宇宙からの応援、神様からの応援も含めての話です。

神様は見目かたちだけではなく、**「心のきれいな人」**も応援します。

「きれいな見た目」は、持って生まれた遺伝子によってほぼ決まるので、考えてもしかたありません。

「美しい心」は、「美しい心」を持つよう努力することはできますが、何をもって「美しい」のかがわかりにくい。神様は「美しい心」の基準を公表していないのでよくわかりません。

けれど、もうひとつの「きれい」があります。

それは、**「身のまわりをきれいにすること」**です。

神様は、「身のまわりをきれいにしている人」も応援してくれます。

とくに汚れが目立つ水回り、「トイレ」「台所」「洗面所」「風呂」をきれいにし

ておくと、神様が評価してくれるようです。

これなら、誰にでもできるのではないでしょうか。

「トイレ掃除でお金が舞い込む」実例報告

ある老人ホームに勤める介護士の方の話です。

私の本を読んで、その方はトイレ掃除をするようになりました。

老人ホームの中のトイレを全部素手できれいにするようになったのだそうです。

その彼が私に報告をしてくれました。

「最近になって気がつきました。トイレ掃除を始めてから満4年になりますが、おかげでトイレの中での事故が1件も起きていません」

それ以前は、入居者の方のトイレでの事故がちょくちょくあったそうです。彼がトイレ掃除を始めてからは、1件も起きていないということでした。

「自分が使ったトイレは徹底的に掃除をして、汚れを残さない状態で出てくると、どうもお金や仕事に困らなくなるみたいだ。臨時収入があるみたいだ」という宇宙法則を発見し、あちこちで話をしてきました。

お金が突然入ってきたとか、良縁に恵まれていなかった人が急に結婚することになったとか、絶縁したはずの叔母から突然生前贈与を受けたなど、私のところには、数百に及ぶ数のそういった実例が報告されています。

「トイレ掃除をすると、いいことがあるみたいだ。お金が欲しいからトイレ掃除をしよう」という損得勘定100%でもいいのです。

自分の使ったトイレはきれいにする。とても簡単なことです。

トイレ掃除だけではなく、先ほどあげた「台所」「洗面所」「風呂」などの水回りはきれいにしておいたほうがよさそうです。

「トイレ掃除＋水晶玉」で〝臨時収入のケタ〟が上がる

もうひとつトイレの話。ある会社の社長が、トイレ掃除がいいということで、自宅でも会社でも、自分の使ったトイレをずっと自分できれいにしていたそうです。

その方が最近、たまたま水晶の玉を手に入れました。

とりあえずトイレにその水晶の玉を置き、掃除を続けたところ、入ってくる金

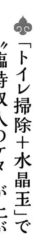

額が大きくなったのだそうです。偶然だろうと思いつつも、楽しくてずっとそれを続けていました。そうすると、入ってくる金額が大きいままずっと継続しているというのです。

ちなみにその水晶玉は、石英《せきえい》を細かく砕き、それを溶かして結晶化して球体にしたもので、一般的には「練《ね》り物」という言い方をします。

練り物ですが、水晶の純度は99・9パーセント。本物の水晶とほとんど変わりません。そしてその社長さんはその練り物の水晶玉をトイレに置いておいたのでした。本物の水晶でなくてはいけないということはどうもないようです。

本物の水晶、自然石はなかなか中心部のきれいなところを玉にすることが難しいのです。大きな水晶の原石から真ん中の透明度の高いところだけを選んで玉をつくろうとすると、何トンという単位のものでやっと五寸玉が1個とれるくらいでしょうか。それも中にひびが入っていたり、いろいろな不純物が入っていたりして、完全に透明というのはほとんどありません。ですが、練り物のほうは、大変にきれいで、本当に見事な透明度を誇ります。

練り物でもよいということであれば、比較的手に入れやすいですからどこかで買ってきてトイレに置いておくと結構楽しいような気がします。

自然石の水晶であるとどうなるかということはまだ報告を受けていませんが、同じ水晶ですから自然石の水晶でもいいのかもしれません。

「フリーの神様」を家に招き入れるには

「神様はきれい好きらしい」と言いましたが、その「神様」にもいろいろあるようです。

家についてその家の人を応援してくださる神様もおられるのですが、どうも通りがかりの神様という方もおられるらしいのです。

「フリーの神様」とでも言うべき存在でしょうか。

フリーの神様は、通りがかりに「玄関」をちょっとのぞいてみたくなるらしいのです。

そして、そこに靴を脱げるスペースがあるか見ます。

玄関に家族の靴が雑然と並んでいて、神様が靴を脱げるスペースがないと神様はその家を通り過ぎて、隣の家、さらに隣の家へと移っていくようです。

もし仮に、玄関に神様が靴を脱げるスペースがあったとします。つまり、使わない靴は靴箱にきちんと入れられていて、玄関がきれいに掃除されていたとします。

すると神様は、そこに靴を脱ぎ、廊下にまで上がるらしいのです。

そして、今度は廊下から居間などに向かおうとします。

けれど、廊下に物などが置かれていてとても歩きにくい状態だと、神様は無理して先に進むことはしません。そこで引き返して玄関で靴を履き、隣の家に行ってしまいます。

ですから、廊下も雑然とさせずにきちんと片づけて、人がスムーズに歩ける状態にしておいたほうがよさそうです。

神様が居間にまで行ったとします。

その居間にもいろいろな物が散らかしてあって居場所がないというと、神様はまたそこで引き返して帰ってしまいます。

居場所がないとすぐに出て行ってしまいますので、フリーの神様を家に招き入れるには、居間とか部屋もできる限りきちんと整理整頓しているほうがどうもいいらしいのです。

神様が帰ってしまう家

家を整理整頓していないと、神様を招くどころか、こんなことも起こるかもしれないという話です。

これは以前出版した本に書いたことですが、警察の鑑識課の人たちは事件現場に数多く立ち合うとこんな感想を抱くそうです。

それは、「事件の現場になるところは台所が汚れていて、食器も片づいていないところが多い。どうしてそうなんだろう?」ということです。

この話は、2つの県警の鑑識課の人が「本当にそうだ」と確認をしてくださったものなので、かなり説得力がありそうです。

「汚」という文字を見てください。泥棒さんの「泥」という字もよく見てください。「汚」と「泥」はとてもよく似ています。お互いに引き合うのかもしれません。

この話を久しぶりにある講演会でしました。

そうしたところ、「実は私の夫は消防士なのですが」と言って話をしてくれた女性がいました。

夫婦で私の本や話を楽しんでいるそうですが、その消防士の夫がこんなことを言ったというのです。

「泥棒が〈汚れ〉に惹かれるという話はおもしろいが、実は消防士たちの現場からしても同じことが言える。それは、雑然として片づいていない家はなぜか火事になりやすい」

「燃えやすいものがたくさんあるからかもしれないが」という断りがついていましたが、「まったく片づいていないところでは、やはり犯罪だけではなくて火事にもなりやすいんだということは本当らしいですよ」と、その奥さんは私に教えてくださいました。

運命好転 第六条

笑うこと

自分の魂だけでなく
まわりの人の魂も、
元気になります。

「元気がないとき」こそ笑ってしまえばいい

「笑い」とは**「肯定」**です。否定をしたところに「笑い」は起きません。

しかも、かなり肯定の度合いが大きいときに「笑い」になります。

小さな微笑みというようなときは肯定の度合いも少しですが、大きな声で笑った場合は、大きな肯定になります。

「うつ」を患《わずら》っている人にたくさん会いますが、「うつ」の人はほとんど笑いません。「うつ」で楽しくないから笑わないのだということらしいのですが、どうも笑わないから「うつ」になるという逆の因果関係もあるようです。

もし、「うつを治したい。元気になりたい」というのであれば、とりあえず大きな声で笑う訓練をしてみたらどうでしょうか。

大声で笑うというのは、それだけで自分の魂だけでなく、まわりの人の魂もとても元気にします。

笑いは「魂」を浄化する

集団で行なう和太鼓演奏を聞いたことがあります。

大きな音がお腹にズシンズシンと響きます。

その響きは単なる心地よい響きというよりも、魂をも揺り動かし、体の中から悪いものをどんどん外に連れ出してくれるような響きに感じられました。

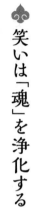

同じような感覚は、大きな滝のそばに行ったときに味わうことができます。大きな滝の音を聴いていると、やはり魂がどんどん純粋なものになっていくような気がしました。

これと同じように、大きな声で笑う人に、その笑い声に接すると、魂がどんどんきれいになっていくような気がします。

当然のことながら、他人だけではなく笑っている本人の魂も純粋になっていくのではないでしょうか。

いろいろな悩みや問題を抱えて笑えなくなってしまった人は、魂が汚れてしまったり、穢《けが》れを持ってしまって、実は笑えなくなっているのかもしれません。順序を逆転して、問題を抱えているときこそ、最初に大声で笑ってしまうというのはどうでしょうか。

「笑い」によって人間の魂はどんどん浄化されるような気がします。

「脳内モルヒネ」をたくさん分泌させる方法

これは実際に脳内に起こる話ですが、「笑うこと」によって、β《ベータ》エンドルフィンという脳内物質が分泌されます。

βエンドルフィンは、①**免疫力を強化し**、②**血液をサラサラにし**、③**痛みの中枢に直接働きかけて痛みをマヒさせる**という、3つの作用を持っています。

これを「脳内モルヒネ」とも言います。

この「脳内モルヒネ」をたくさん分泌させる方法のひとつ目が「笑うこと」です。

2つ目は**「喜ぶこと」「幸せを感じること」**。

3つ目が**「感謝すること」**です。

ですから、「脳内モルヒネ」をたくさんつくるということについては、後述の「感謝」ということとも大変連動するのですが、**とりあえず笑うことによって「脳内モルヒネ」がたくさんつくられます。**

「脳内モルヒネ」がたくさんつくられた結果、免疫力が強化され、元気になり、さらに痛みが少なくなるようです。

実際にリューマチや神経痛で何十年も苦しんできたという人に、今まで何百人も出会いましたが、そのほとんどは笑わない人でした。

「痛いから笑えないんだ。不愉快だから笑えないんだ」ということらしいのですが、どうも「笑わないからいろいろ痛みがある」のかもしれないのです。

私はそういう方たちには、「もし、痛みを和らげたい、元気になりたいというのであれば、とりあえず大きな声で笑う訓練をしてみたらどうでしょうか」と逆の提案をしてきました。

まったく聞き入れてくれない人もいましたが、中にはそれを聞いて実践してくれた人もいます。その結果、痛みが軽減した、あるいはまったくなくなったという人もたくさんいました。

「痛いから笑えない。体調がよくないから笑えない」という人の気持ちはわかります。

はじめはなかなか難しいと思いますが、とりあえず苦笑いでもいいから笑ってみる。

そしてできれば人の話などを聞くときには、口角《こうかく》を上げて微笑んでみる。

相手がちょっとおもしろいことを言ったら、小さな声でもいいから、声を立てて笑う。

おもしろいことをたくさん言ってくれたら、遠慮なく大声で笑う。そういう訓練をしてみたらどうでしょうか。

内臓に問題を抱えた医師がいました。

そのお医者さんは、私の話を聞いて、笑う訓練を始めました。何かにつけて大きな声で笑うようにしたところ、難病に指定されていた病気が治ってしまったということです。食事療法とともに「笑う訓練」をしたということでした。

食事療法も大きな効果があったらしいのですが、大声で笑う訓練をずっとやってきたら、ついには難病と言われていたものさえも克服することができたのです。

「笑い」はとても大きな可能性を秘めているように思います。

「笑い」と「遺伝子」の不思議な関係

筑波大学の名誉教授に村上和雄さんという方がおられます。村上教授は遺伝子の研究分野の第一人者ですが、この方が大変おもしろいことをおっしゃっていました。

「私たちの細胞の1つひとつに膨大なる数のプログラムが組み込まれている。そして、その細胞が、たとえば何か1つ役割を果たすという場合は、そのスイッチだけがオンになり、他のスイッチがオフになっているが故に、その細胞はその役割を果たす細胞になる。細胞が病変するというのも、何かのきっかけで遺伝子が変化をし、病変するというスイッチが入ったのであろう」

そして、「その病変してしまった細胞にも、〈病変を元に戻して正常な細胞になる〉というスイッチがありそうだ」ということに、今は目が向いているのだそうです。

そして、「その元に戻すスイッチというのが、どうも『笑い』にあるらしい」ということもおっしゃっていました。

実際、糖尿病患者を集め、漫才などを聞かせたところ、そのあとの血糖値がずいぶん下がったそうです。

笑っていると血圧が下がったり、血糖値が下がったり、体の状態も改善されることが実証されたのです。

「笑い」が最先端の遺伝子治療のかなりおもしろい部分を占めているらしいということで、村上教授の一番興味のあるテーマは「笑い」なのだそうです。

お医者さんや大学の教授という立場の方々は、ちゃんとした答えが出るまで何十年もの研究を続けます。その結果、数多くの実証データが揃わなければ学会に発表することもできません。

ですから、確固たる結論が得られるのは何十年か先になるのかもしれません。

しかし、たとえ勘ではあっても、「こうではないか」と思うという話は、何十年か先の話ではなく現在聞くことができます。村上教授の勘による、「笑いが病気の遺伝子に大きな影響を与えているのではないか。細胞を元に戻すスイッチになっているのではないか」という推論はとても興味深いものでした。

何十年も先の結論を待つよりは、このあたりの勘の話を日常生活にいち早く取り入れてしまうことも可能です。

私たちは笑ってしまえばいいのです。

笑うことによって、体がどんどんよくなったり、健康を維持できたりします。
お金もかかりません。
さらに自分も楽しくなると同時にまわりも楽しくします。
「大きな声で笑う」というのを少しずつ身につけてみてはどうでしょうか。

運命好転 第七条

感謝すること

「ありがとう」の言葉が味方をつくり
人生を楽しくする。
日常生活を
過ごしやすいものにしてくれる。

「有《あ》り難《がた》し」は神を讃《たた》える言葉

現代では人に対して感謝の意を表わすときに「ありがとう」「ありがとうございました」という言い方をします。「ありがとう」は「有り難し」から来た言葉です。

しかし、室町時代頃までは、主に「かたじけない」という言い方が使われていました。

「ありがとう」が人に対して感謝の意を表わす言葉として定着したのは、元禄時代以降のことと考えられています。

それ以前は**「有り難い」「有り難し」という言葉は、神に向かって使われる言葉、神を讃える言葉でした。**

「有り難し、有り難し」「有り難い、有り難い」と言うのは、天に向かって手を合わせるときに使う表現だったのです。

英語に「Thank you.」という言葉がありますが、日本語の「ありがとう」と必ずしも対応していません。というのは、「Thank you.」は、「I thank you.（私はあなたに感謝する）」というように人に向かって使われる言葉ですが、「有り難し」「有り難う」は、本来は神に向かって使われる言葉だったからです。

ですから、私たちが「ありがとう」「ありがとうございます」と言ったときには、**その「ありがとう」が人に向けられて使われたものであっても、天上界における神、あるいは宇宙は、「自分に向けられた言葉」としてカウントするようになっているらしい**のです。

ですから、同じ「感謝」の言葉でも「Thank you.」と「ありがとう」ではだいぶ意味合いが違います。

意外に思われるかもしれませんが、「有り難し」という言葉をお釈迦様も使っています。

お釈迦様の残した言葉、『法句経《ほっくきょう》』の一八二番にこんな言葉があります。

「人の生を受くるは難く、やがて死すべきものの今生命あるは有り難し」

「人間が生命・肉体をもらうことはとても難しいことで、本来は短い間しか生きられない人間の、今、肉体があって生きていられるこの有り難さというのを味わうべきだ。味わおう」という言葉です。

お釈迦様は、私たちがこの世に生命・肉体をもらって出てきたこと自体が「有り難し」と言ったのです。

それがとても滅多にないことで、起き得ないことだ、有り得ないことくらいの確率で素晴らしいことだ、と見抜いたのでした。

「有り難し」という言葉の本来の語源が釈迦の言葉にある、釈迦の考え方にあったというのもまた大変意義深いところです。

「ありがとう」には大きな大きな力がある

「ありがとう」という言葉には大きなパワーが内在しています。大きな大きな力を秘めているのです。

どういうことかというと、

①鉱物、②植物、③動物、④空の雲、そして、⑤人間

この5種類のものに対して、「ありがとう」という言葉が使われたとき、言われたほうは、言った人の味方をしたくなる、応援をしたくなるという、宇宙の大法則です。

「ありがとう」という言葉を言われただけでも協力をしたくなったり、味方をしてくれるようですが、そこに本当に感謝の気持ちがついてきたときには、さらに大きく味方をしてくれるようです。

大リーグのイチロー選手は、バットやグローブやスパイクなど野球道具をとても大事にします。自ら手入れをし、グラウンドボーイに任せることはないそうです。

実際にフォアボールでイチロー選手が一塁に歩いていくとき、バットを投げ捨てず、そっと置いている姿をテレビで確認をしました。

すべての道具を非常に大事にしている印象です。

道具に対する「感謝」の念がテレビを通じても感じられます。

その結果として、道具が味方をし、いろいろな成績にプラスに関わってきているように思えます。

「感謝の言葉」が起こす奇跡

これまでも私は、「植物のサボテンに向かって『愛してる。大好き。ありがとう』という言葉をかけていると、サボテンも花を開かせてくれる」という話をしてきました。

私の話を聞いて実際に、自宅に何年も置いてあったサボテンに、「愛してる。大好き。ありがとう」を言い始めたという人がいます。

その結果、15年も花を咲かせなかったサボテンが大輪の花を咲かせたそうです。

サボテンの何よりも楽しいところは、「愛してる。大好き。ありがとう」と声をかけていると「トゲ」を落としてしまうことです。

「トゲを落としてしまう」という表現には、2通りのものが含まれるので説明をしておかなければなりません。

ひとつは、実際に目に見えてトゲを落としてしまうという反応を示すサボテンです。

もうひとつは、トゲを持ってはいるが、声をかけるにしたがって、そのトゲが段々と固いものではなくて柔らかいものになり、ついには産毛のようにさらさらになってしまうというサボテンです。産毛のようなトゲは、なかなか肌触りがよく、心地よいものです。

サボテンは、人間の言葉や感情を理解し、「愛してる。大好き。ありがとう」という言葉をずっとかけられていると、なぜか自分の体を守っているはずのトゲをとても柔らかくしてしまう、体を防衛するという機能を放棄してしまうということがあるようです。

そして、そのトゲが弱くなり、トゲがトゲでなくなるという現象が確認されるくらいになると、さらにその言葉をかけてくれる方に、お礼の気持ち、「感謝」の気持ちというものがサボテンの中にも芽生えるのでしょうか、なぜか花を咲かせなかったものの花を咲かせます。

サボテンというのは、サボテン本体からはまったく想像できないほど、とてもきれいな花を咲かせます。

私は20代の独身の頃からサボテンとの付き合いがあり、自分の部屋に多くのサボテンを置いてきました。

そして「愛してる。大好き。ありがとう」という声をかけていると、買ってきてから数カ月経ったところでトゲがトゲでなくなってしまうということに気がつき、「これはかなりおもしろい」と、ずっと育てて楽しんでいます。

植物も動物も「人間が大好き」

このように身近なものとしては、サボテンで確認できるのですが、実は観葉植物以外の自然の植物も、人間の言葉や感情をとてもよく理解しているのかもしれません。

植物は人間が好きで好きでしょうがないようなのです。

人が近づいてくると、ワクワクドキドキする。そしてさらに「おはよう」とか「こんにちは」と声をかけてもらうともっとうれしくなる。「この人のために何かしてあげよう」と思う。さらに、「花がきれいね」とか「素敵な葉っぱ」「素晴らしい木の形をしている」など称賛をされると天にも昇る心地になるようです。

そして、褒めてくれるその人に対して「できる限りのことをしてあげよう」と思うらしいのです。

ただ、そういうことを表現したり伝えたりする術がないので、結局は黙っているように見えます。しかし、私たちが「愛してる。大好き。ありがとう」といった言葉と感情で木に接したとき、あるいは草に接したときには、草木が「感謝」の形で応えてくれるように思います。

動物も同じように思えます。猫や犬を飼った経験があるのですが、「ありがとう」あるいは「愛している。大好き。ありがとう」という言葉をかけていると、いつの間にか人間の言葉を理解するようになります。

宇宙の大法則——それは、「鉱物も植物も動物も、空の雲も、人間も、『ありがとう』という言葉を浴びせられていると、その言葉を言った人の味方をしたくなる、応援をしたくなる」というものです。

植物や動物に対してだけでなく、まわりの人に対しても「ありがとう」と「感謝」するようにしてみたらどうでしょうか。

その人のいけないところを見つけては、「あれが気に入らない」「これが気に入らない」などと指摘ばかりしていては、人間関係は悪くなります。その人を敵に回しているかもしれません。

感謝して、「ありがとう」と口に出してみる。

それをずっと続けていると、ギクシャクしていた人間関係さえも修復され、良好な関係になるような気がします。

「ありがとう」を浴びせられていると、植物も動物も、そして、もちろん人間もみんな味方になってくれるようです。

そういう宇宙の大法則が存在しています。

何をやってもうまくいく人は、「地球のリズムに合っている」

さらにもうひとつ重要なことをお伝えしておきます。

たとえば、横断歩道に自分がさしかかるとなぜか信号が青にパッと変わることが多い。

駅に行くと、時刻表を確認していなかったのにホームに立つと電車が滑り込んできて、結局はちょうどいい時刻だった。

たまたま入った営業先で、ちょうど欲しかったところだと言われて大量に買ってもらえた。

転職しようと思ったら、知り合いからうちの会社に来ないかと誘われた。

こういう人を「**地球のリズムと合っている人**」といいます。

その一方で、赤信号にひっかかってばかりだ。駅のホームに着くと、今まさに電車が発車して、いつも電車のお尻を見ているというような人も少なくありません。

そういう人を**「地球のリズムと合っていない人」**といいます。

世の中には、「地球のリズムと合っている人」と、「合っていない人」がいます。

ひと言で言うと何が違うのか。

それは、「いろいろなものが、その人の味方をしているかどうか」です。

つまり、鉱物、植物、動物、空の雲、そして、人間の5種類のものに対して、「感謝」を伝えてすべてを味方にしている人は、いろいろな物事が、いろいろな形でスムーズに運ぶようになるのです。

「ツイている」という言い方をしてもかまいません。

すべての存在に感謝している人は、まさに「運を味方につけている」「天を味方につけている」のです。

「神様の応援」が〝おまけ〟でついてくる

鉱物から人間まで5種類のものを「ありがとう」によって味方につけることができると、さらに6番目の味方が、おまけ、おみやげについてきます。これは付録のようなものですから、これを何とかしようと思う必要はありません。鉱物から人間までを味方につけると、「勝手に」ついてくるのです。

その6番目のおまけ、おみやげとは「神様の応援・支援」です。天上界が応援・支援に回ってくれるのです。

5種類すべてのものを味方につけた人は、もうこれ以上、味方や応援はいらないというぐらいにいい思いをしているはずなのに、さらに神様までもが応援をしてくださるのです。別の言葉で言うと、「運命が好転する」と言ってもいいかもしれません。

ちなみに、これまでの話は、すべてのものに「感謝」できるよう、人格を高めなさいとか、そういう話ではありません。

「感謝をすること」「ありがとうと言うこと」が、結局は自分の日常生活を大変過ごしやすいものにしてくれるのです。

「損得勘定」でいうと、使わないほうが「損」です。使ったほうが「得」。

「ありがとう」は、「最強のアイテム」と言っても過言ではありません。**「すべてのものが味方になってくれる、宇宙の最強の言葉」**と言ってもよいでしょう。

コストもかかりません。しかも言われた相手が嫌な気分になることもないので、この「最強のアイテム」はいくらでも使いこなすことが可能です。

ありがとうは、「質」より「量」

また、**「ありがとう」は、口にした数によって現象が変わってくる**ようです。

年齢×1万回の「ありがとう」を言うと、おもしろいステージになるという話をしてきました。

年齢×2万回でまた変わり、年齢×3万回でまた変わります。

ある40代の女性が通勤に軽自動車を使っていました。行き帰りの車中で「ありがとう」をずっと言い続け、年齢×1万回を超えた辺りのことだったそうです。「信号待ちで止まっていたところ、そこに後ろからドンと追突されました。追突した車は普通乗用車、自分の車は軽自動車でした。

衝撃があり、音もしたので降りて後ろを見にいったところ、確かに自分の車と相手の車とが追突状態でぶつかっていました。普通乗用車のほうは凹んで傷ができていましたが、なぜか自分の車のほうには傷がなく、凹んでもいませんでした。確かに衝撃があり、音もしたけれども、むち打ちになるようなものではなく、体に衝撃が来るような激しい当たり方ではありませんでした。ぶつかってはいたけれども、自分も車も無傷でした」

こういう報告を受けて思い出したのが地震のときの報告です。

常日頃から「ありがとう」をたくさん言っていた人が、大きな地震に遭うことがありました。家の中で、「ありがとう」をたくさん言っていた人の部屋は物が落ちずに無傷だった、被害がなかったという報告をたくさん受けました。

また、家族ぐるみで「ありがとう」をたくさん言っている家は、他の家は損傷があったのに、ほとんど無傷で大丈夫であったという話も聞きました。

「ありがとう」という言葉をたくさん言っていると、どうもバリアができるのかもしれません。

普通に生きていること自体が「ありがたいことの塊《かたまり》」

さらにもうひとつ、「感謝」の本質ということにも触れておきましょう。

私たちは、楽しいことやおもしろいことといった「何か特別なこと」が生じたときに、感謝として「ありがたい」と思うことがよくあります。

もちろん、そういうときに「ありがたい」と思ってはいけない、「感謝」をしてはいけないと言っているのではありません。


けれど、よく考えてみれば、**私たちは、ただ普通に生きていること自体が、**

「ありがたいこと」の塊です。

目が見えること。それは当たり前のことではありません。

耳が聞こえること。歩けること。言葉がしゃべれること。物が食べられること。

これらも当たり前のことではありません。**そういうことの1つひとつ、日常生活全部が「ありがたい」ことに満ち満ちています。**

当たり前のことなどひとつもありません。

全部すべてが「感謝」の対象なのです。

何事もなく普通に普通の生活ができること。これがありとあらゆる「ありがたいこと」の集積です。

「感謝」をすべきものがぎっしり詰まっています。

「24時間、365日、普通の生活ができることがどれだけありがたいか」ということに気がついたとき、「感謝」の本質が見えてきます。

運命好転　第八条

人に喜ばれること（和顔《わがん》）

人間には
「喜ばれるとうれしい」
という特別な本能がある。

ヒトにだけ与えられた「特別な本能」

すべての動物は神様から、2つの本能を与えられています。「ヒト」も動物の一員ですので、他の動物と同じように2つの本能をいただいています（カタカナでヒトと書いたとき、動物の一部であるヒトということを示します）。

ひとつ目は**「自己保存の本能」**です。

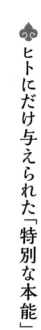

「自己保存の本能」というのは、たとえば上から石が落ちてきたら反射的にのけぞるとか、お腹が空いたら食べるとか、眠くなったら寝るとか、喉が渇いたら何か飲むとか、そういったものです。

草原のバッファローは、草がなくなると大移動をして草を求めます。沼地のワニは水がなくなると移動して別の沼地へ移ります。

このように、生存するための本能を神様はありとあらゆる動物に与えました。人間にもそういう生き延びるための「自己保存の本能」が与えられています。

動物にはさらに2つ目の本能が与えられました。

2つ目の本能は**「種の保存の本能」**です。

オスはメスを探し、メスはオスを探し、そこで子孫を残します。そしてその子孫はまた同じように相手を求め、その結果として子孫を残します。そしてその種族はずっと遺伝子を伝えていくことになります。

動物は基本的にこの2つの本能で終わりでした。しかし、動物の頂点に存在する「ヒト」には、神様は3つ目の本能を与えたようです。

その3つ目の本能とは、**「喜ばれるとうれしいという本能」**です。

この本能は他の動物には与えられていません。

「喜ばれるとうれしい」という感情を持っているのは「ヒト」だけです。

人間が生きる目的は「喜ばれる存在になること」

ちょっと難しい使い分けをしますと、私たちは生物学的に「ヒト」です。

人はひとりで生きていると「ヒト」。

そして、**「喜ばれるとうれしいという本能」に目覚めた「ヒト」は、「ヒトの間で生きている存在」になり、「人間」となります。**

自分の食べ物や、自分の生命、自分のわがままだけを満たす存在、1人だけで利己的に生きている間は「人間」になりきっていません。まだカタカナ2文字の「ヒト」なのかもしれません。

「ヒトの間で喜ばれるように生きる」ということが、実は「人間」ということの意味なのです。

そしてその「喜ばれるとうれしい」という本能に目覚めた「人間」は、「なぜだかわからないけれど、喜ばれるとうれしいから」と、自分の喜びとして喜ばれることをやるようになります。

そうしているうちに気がつけば「よき仲間」に囲まれ、これ以上ない幸せを感じることができます。

人間は、人よりも抜きんでることを目的にして生きているのではありません。人より良い成績を残したり、人より良い業績を残したり、そういうことが人生の目的なのではありません。

人間がほんとうに心の底から幸せを感じられるのは、喜ばれたときです。

喜ばれるとうれしい。

喜ばれる存在になること――実は、これが私たち人間に生命と肉体を与えられたことの意味でした。

「喜ばれる存在で生きること。そして死んでいくこと」

これが人間として生まれたことの意味です。

「相手が喜ぶこと」をできる法

講演会でこのような話をしたところ、それを聴いたある男性は「本当にそうだ」と、とても高揚《こうよう》したそうです。

そしてその帰り道、階段の前で大きな荷物を持って困った顔をしているおばあさんに会いました。

「持ってあげましょう」

彼は、両手にその荷物を持って階段をトントントントンと駆け上がりました。おばあさんは下にいてずっとこちらを見つめています。

彼は不思議に思い、「どうしたんですか」と尋ねると、おばあさんが言いました。

「20分かけてやっと下に降ろしたんです」

つまり、おばあさんが苦労してやっと降ろした荷物を、彼はわずか20秒ほどでトントンと上に持っていってしまったのでした。

おもしろいことに、「喜ばれること」というのは、喜ばそうと思った人と、される側の人とでは、必ずしも一致するわけではありません。

「これが喜ばれるであろうと思ってやったこと」が空振りだった、むしろ逆効果だったということも少なくありません。

それは、自分の側の未熟さの為せる業《わざ》です。自分が経験を積み、失敗や成功、試行錯誤を繰り返した結果として、やっとその感覚がわかってくるようになります。

「喜ばれるだろうと思ってやったこと」と「実際に喜ばれること」を一致させるためには、試行錯誤が必要です。

「これなら喜ばれるだろう」と意識してやり始めたときの合致率は、だいたい60パーセントくらいでしょうか。

そして1年くらい試行錯誤を繰り返すと、合致率が70パーセントくらいになります。

2年、試行錯誤を繰り返すと80パーセントくらいになります。

3年繰り返すと、90パーセントくらいが合致するようになります。

「これで喜んでくれるだろう」と思うことが9割方当たるようになったら、どんな仕事、どんな商売をしてもうまくいくと思います。

たとえば、「こういうサービスがあればお客さんに喜んでもらえるだろう」と考える営業マンが9割の人に喜んでもらえれば、9割の人がまた来てくれるし、顧客になってくれます。

喫茶店で「こういう味だったら喜んでもらえるだろう」と思ったことが、9割当たれば、9割の人がまた来てくれます。

「喜ばれるだろう」という読みが、なかなか自分の中でうまくつくれない、空振りが多いという人には、次のようなことをお勧めします。

「こうしたら喜ばれるに違いない」ということを勝手に自分で決めつけるのをやめること。そして、「頼まれごと」だけをやることです。

「頼まれごと」は必ずや喜ばれます。「頼まれごと」は、相手は元々それを望んでいるのですから、「頼まれたことを確実にやってあげる」と喜ばれるのです。

「和顔《わがん》」――頼まれやすい顔になる

この話をすると、次のように質問してくる方がいます。

「頼まれない人間はどうすればいいのか」

ここにその答えがあります。ひと言で言うと、頼まれない人は「顔」が悪いのです。

ハンサムであるとか、美人であるとか、そういうことを言っているのではありません。

頼まれやすい人は、「頼みやすい顔」「頼まれやすい顔」をしています。

頼まれない人は、「頼みにくい顔」「頼まれにくい顔」をしています。

「頼まれやすい顔」というのは、ひと言で言うと「和やかな顔」。この項目のテーマのひとつである「和顔」ということです。

「頼まれやすい顔」になるにはどうすればいいか、具体的に言いましょう。

その1は、「眉間に縦ジワを寄せないこと」「眉のあいだを開くこと」です。

愁《うれ》いでひそめた眉のことを「愁眉《しゅうび》」と言いますが、そのひそめた眉と眉のあいだを開いて、安心することを「愁眉を開く」と言います。眉間に縦ジワをつくっていないか注意してください。

その2は、眉毛の角度です。書き眉をしている人も多いですが、この書き眉が

45度の角度で釣り上がっていることがあります。

本来、眉毛は額にかいた汗が目に入らないように受け止め、それを目尻のほうに集めて耳の前で流し落とすという役割をしています。

そのため、眉毛が45度の角度で屹立《きつりつ》しているというのは自然界にはありません。もしそういう眉であったら、額の汗が全部鼻の頭に集まってきて、大変に作業がしにくい状態になったことでしょう。

眉に角度をつけて書いていると、確かに「できる女」「仕事ができそうな人」に見えますが、人相がとてもきつくなります。実際にはそういう眉は自然界にはないので、まわりの人にちょっと独特な感覚を与えます。敵意を抱かせてしまう場合があるのです。そのことによって人間関係が悪くなっているかもしれません。

その眉がたいへん攻撃的であるために、まわりの人はイライラします。本人もなぜイラついているのかわからないような感覚です。

とくに恋人関係、夫婦関係では相手の男性をイライラさせ、仕事場では訳がわからず上司がイラだっているかもしれません。

ですから、**人間関係をやわらかく穏やかなものにしたいのであれば、眉は角度をつけて書かないこと。なるべく水平に書くことをお勧めします。**

念のために申し上げておくと、イラだっている相手のほうが正しい、と言っているわけではないのです。わざわざ相手に敵意や攻撃的な心を呼び覚まさせる必要はないのではないか、ということを言っています。

眉のことについて2点述べましたが、**3つ目は「口元」です。**

口角が上がっている人は、何となく親しみやすく、頼みやすい感じがします。

とくに黙って人の話を聞いているときに口角が上がっている人の顔は、とても穏やかに和やかに見えます。とても温かな感じがします。

4番目のポイント。「笑ったときの目」が問題です。

たとえば、口元は笑っていても、よく見ると目が笑っていないという人がいます。

笑うときに、ほんの少し「目」にも意識を向けるよう心がけてみてください。「目も笑っている」という状態が確認されると、相手の人はとても心が和みます。

眉の辺り、目の辺り、口の辺りが、いつもこれまで述べたような状態になっているとします。それを「和顔」と言います。「和やかな顔」ということです。

穏やかな顔、和やかな顔、にこやかな顔を自分がつくることによって、損するものは何ひとつないと思います。

穏やかな顔を持つことにより、人間関係がとてもやわらかで温かなものになります。

「人間の最大の罪は不機嫌である」

江戸時代末期の僧侶・良寛和尚《りようかんおしよう》は、いつも「和顔」ということを心がけていた人でした。

「和顔」という言葉はもともと「禅」の言葉なので、禅宗のひとつである曹洞宗《そうとうしゆう》のお坊さんとしては当然のことかもしれません。しかし、それを何よりも誰よりも心がけていたのが良寛禅師だったのです。

良寛さんはいつも和やかな顔をしていました。

その顔に子どもたちはとても親しみを覚え、良寛さんの顔を見る度に寄ってきては、「良寛さん、良寛さん、遊ぼう」と言って声をかけたそうです。

さらにその「和顔」は村人たちをも動かします。文字の書けない村人たちは良寛さんのところに行っては、「代わりに手紙を書いてほしい」「代わりに文字を書いてほしい」というようなお願いごとをしました。良寛さんはそれを嫌がらずに次から次へと書いたのです。

なかには、「掛け軸を書いてほしい」と言う人もいましたが、それも嫌がらずに書きました。

良寛さんは檀家《だんか》を持っていない僧侶だったのですが、そういった「頼まれごと」の対価として、米、味噌、醤油、食べ物をいただき生活が成り立っていました。「頼まれごと」を嫌がらずにやっていった結果、十分な生活ができたのでした。

良寛さんは1831年に73歳で亡くなりましたが、ドイツの文学者ゲーテも1832年に82歳で亡くなっています。2人は同じ時代を生きたのです。

ゲーテはこんな言葉を残しました。

「人間の最大の罪は不機嫌である」

最大の罪が盗むことだとか、騙すことだとかではなくて、「和顔」の真逆である「不機嫌」であるというものの見方はたいへんおもしろいと思います。

ゲーテは、「不機嫌」は被害が何百人、何千人にも及ぶと考えました。盗まれる人、あるいはあるひとつの犯罪の被害に遭う人は数人、数十人ぐらいですが、不機嫌というのはすぐに伝播《でんぱ》して被害者が何百人、何千人にも及ぶ。しかもそれが際限なくとどまるところを知らないという意味で、最大の罪という言い方をしたのです。

「和顔」を標榜《ひょうぼう》した良寛さんと、「人間の最大の罪は不機嫌である」と言ったゲーテが、同じ時代に東洋と西洋に存在していたという事実は、とてもおもしろいことだと思います。

「楽しい話題」が「和やかな顔」をつくる

「頼まれやすい顔」のポイントとして、もうひとつ、「日常生活」も重要です。

人間の顔の3分の2の筋肉は、「この前こんな嫌なことがあってね」「こんな嫌な人と会ってね」というような、あまり楽しくない話題を口にしたときに使われます。

3分の2の筋肉は、否定的な言葉、否定的な感情のときに動くのです。

筋肉というのは使えば使うほど発達しますし、使わなければ使わないほど退化します。

したがって、「この前こんな嫌なことがあってね」「こんな嫌な人と会ってね」という話題が多ければ多いほど、3分の2の筋肉ばかりが使われ、その結果、「嫌な感じの顔」になっていくのです。

逆に「この前こんな楽しいことがあってね」「こんな楽しい人に会ったんだけどね」「こんなおもしろい情報があるんだけどね」というような話をしているときは、顔の3分の1の筋肉を使います。

使った筋肉はどんどん発達し、使わない筋肉はどんどん退化しますから、**楽しい話、おもしろい話、笑顔になりそうな話をたくさんしている人は、顔がどんどん「和やかな顔」になります。**

そして、日常的にとても話しかけやすい、親しみを感じさせる顔が形成されていきます。

ある瞬間だけ「和やかな顔をつくろう」「頼まれやすい顔をつくろう」と思っても無理です。

日常的にそういう顔をつくり、筋肉を刺激しておかないと、和やかな顔、頼まれやすい顔になりません。

ですから「頼まれやすい顔」になるには、日常的に「頼まれやすい顔」をつくっておかなければいけません。

「頼まれやすい顔」というのは日常生活の集積なのです。

「立命《りつめい》の瞬間」
——何のために生まれてきたのか

「頼まれごと」を「はい。わかりました」と言ってやっていると、3年くらい経ったときに、あることに気づきます。

それは、**「同じようなことを頼まれているな」**ということです。


「同じようなことを頼まれている。

私はどうもこういうことをするために、この世に生まれてきたみたいだ」

というように、**自分の〝使命〟がわかる瞬間**があります。
これを**「立命《りつめい》の瞬間」**と言います。

そのことが自覚できたらもう迷う必要はありません。

その「頼まれごと」の延長線上に自分の役割があります。

それを淡々と続けていけばいいのです。

たぶんそれがあなたのこの世に生を受けたことの意味であり、やるべきことだったのです。

逆に言うと、「自分の人生の目的は何なのだろう」と考えているうちは答えが出ないのかもしれません。

頼まれたら、その頼まれたことを次から次へとやっていくことです。そうすると同じような頼まれごとが次々に舞い込んできます。それをやっていくことこそが、まさに天命であり、使命なのではないかと思います。

「断っていい頼まれごと」3原則

「頼まれごと」について、もうひとつ言っておかなければいけないことがあります。「頼まれごと」は、基本的には断らないほうがいいと思います。

ただし、「頼まれごと」であっても**「断っていい3原則」**というものを、私なりに発見しました。

断っていいことのひとつ目は、「お金」「借金」の頼まれごとです。

「お金を貸してほしいと言われて、それも頼まれごとだから必ず応じなければいけないのか」という質問がたくさんありました。

「応じなくてよい」というのが私の答えです。

というのは、「お金を貸してほしい」という頼まれごとは、その人に用事があるのではありません。**「お金に用事がある」**わけです。ですから、断っていいと思います。お金さえ手に入れば、その人である必要は全然ないというのが借金です。

断っていいことの2番目。それは「頭数《あたまかず》を揃《そろ》えたい」というものです。

「忘年会で欠席者が出てしまった。10人で予約をしているので、9人だと困る。急遽《きゅうきょ》来てくれないか」「明日、ゴルフなんだけれどもひとり足りない。来てくれないか」というような「頼まれごと」です。

これもその人の個性や人格に関わりがあるわけではありません。ただ**数さえいればいいだけ**なので、断っていいと思います。

「頭数を揃えるためだけに声がかかったもの」というのは、基本的に「頼まれごと」ととらえなくていいと思います。

3つ目は、「完全にできないということがわかっているもの」です。

たとえば「300キロのバーベルを持ち上げてくれ」と私が言われたとします。

300キロのバーベルなど持ち上げたこともありませんが、チャレンジしてみようという気にもなりません。それは絶対に無理であるということがわかっているからです。オリンピックの選手でさえそんな重さを持ち上げません。ましてや虚弱体質の私にそれができるわけがありません。

「月へ行って月の石を拾ってきてくれないだろうか」と言われても、それはできません。お断りするしかありません。「初めからできないことがわかっているもの」については断ってもよいと思います。

しかし、たとえば「ＰＴＡの役員をやって」「3分間のスピーチをして」とかいう話については、やったことがないのであればできるかどうかわかりません。そういう場合は、「できない」と断るのではなくて、「わかりました。お引き受けします」と引き受けたほうがよいように思います。

神様が見ていて、「たぶんこの人はできるだろう」と思うから頼んでくれるわけです。ですから、やったことがなくてできるかわからないことについては、引き受けるとよいと思います。

しかし、「何でも引き受ける」と気負いすぎると、「できない頼まれごと」を抱え込み、やがて行き詰まってしまいます。

すでに先約が入っていて、スケジュールが取れないものについても、無理に引き受ける必要はありません。

人間には「できること」と「できないこと」があるのですから、「できない頼まれごと」には、「できない」と言ってもいいのです。

「できないこと」を持ち込まれるとしたら、その人の中に「できないことでも何でも引き受けるぞ」という気負いがあるからです。

私には、「できないこと」は持ち込まれません。なぜなら、気負いがないから。力がまったく入っていないからです。

運命好転　第九条

言葉を愛すること（愛語《あいご》）

口から出てくる言葉は
すべて贈り物。
贈った分だけ返ってきます。

「いい言葉」は最高の贈り物

ここで言う「愛語《あいご》」とは、「動物愛護」の「愛護」ではなく、**「口から出てくる言葉を愛する」**という意味の「愛語」です。

「愛語」について一番実践的だったのは良寛さんではないでしょうか。

「愛語」という言葉も「和顔《わがん》」と同じように、もともとは禅宗の言葉ですが、他の宗派でも、ほとんどの僧侶の方はこれを実践していると思います。

その中でも、良寛さんは「和《なご》やかな顔」と「口から出てくる言葉を愛する」ことをずっと実践的に続けた人です。

良寛さんはいつもこんなことを考えていました。

「自分の口から出てくる言葉は常に人を安らげるものでありたい。人を力づけるものでありたい。人を励ますものでありたい。人を明るい気持ちにさせるものでありたい。自分の口から出てくる言葉は常に贈り物でありたい。人を勇気づける贈り物でありたい」と。

良寛さんは、備中《びっちゅう》（岡山県）の玉島で修行し、諸国をめぐったあと、実家のある越後（新潟県）に戻り、ひとりで生活を始めました。しかし檀家があるわけではありません。自分の生活を支えてくれる家々があるわけではありませんでした。しかし、良寛さんは、このように考えている人でした。

「自分は貧しい僧侶である。お金も持っていない。物も持っていない。

ただ無尽蔵《むじんぞう》に持っているのは言葉である。

その言葉が常に人に対して温かい贈り物でありたい」


良寛さんは**「自分の口から出てくる言葉はすべてが贈り物である。それも汲《く》めども尽きぬ、使っても尽きぬ贈り物である」**という認識を持っていたのです。

良寛さんは確かにそのように生き、しかも出し惜しみをしませんでした。

こんな話があります。

あるところでちょっと寄り道をしてその家の主人と話をしていたときのこと。通りがかった人が、外から僧侶である良寛さんを見つけると、ヅカヅカと入ってきて、頭をポカリと殴りました。

そして、「俺は坊主に恨《うら》みがあるんだ」と言ってスタスタと去っていきました。

そのすぐあとに夕立が来て雨が降り始めました。強く激しい雨だったそうです。

良寛さんはその雨を見ながらこんなことを言いました。

「さっきのあの人は傘を持っていなかった。今どうしているだろうか。強い雨に打たれて困ってはいないだろうか。傘を持っていって渡してあげなくていいだろうか」

殴られたことについての恨みや憎しみについては一切口にせず、ただ「その人が困っているのではないか。雨に打たれているのではないか」と、そのことだけに関心を持ち、そのことだけを話したというのです。

最期の贈り物は……

そんな良寛さんは晩年、まわりの人から「良寛さんの形見として何かほしい」と言われました。良寛さんは、その要求に対して、こんな辞世の歌を残しました。

「形見とて　何残すらむ　春は花　夏ほととぎす　秋はもみぢ葉」

「形見として何を残そうか。春にもし桜が爛漫《らんまん》と咲いたらそれを私の形見だと思ってほしい」と言うのです。

「花」というのは江戸時代まで「桜」のことを言いました。そして「夏にホトトギスが美しい声でさえずったならば、それは私だと思ってほしい。秋に紅葉が見事に色づいたら、その美しい色は自分の形見だと思ってほしい」と言い残しました。

最後の最後まで、良寛さんは、常に人に対して贈り物を投げかけたい、と思っていた人だったのです。

良寛さんが亡くなったのは1831年。江戸時代の末期です。

当時の人々にとって、桜はとても特別な花でした。人々がその桜を見て喜んでいる姿は、桜にとっても満足がいくものであったに違いありません。良寛さんは、その桜が、「春爛漫と楽しげに咲いている姿は自分の形見だと思ってほしい」と言い残したのです。

常に贈り物を考えている良寛さんならではの辞世の歌でした。

余談になりますが、この良寛さんの歌を聞いて私も刺激を受けました。小林正観の辞世の歌というものをつくってしまいました。

「わが形見　高き青空　掃《は》いた雲　星の夜空に　日に月に」

秋には空が高くなり、青く澄んだ空を見ることができます。また、白いペンキをハケで掃いたように見える巻雲《けんうん》は透明感があり、とても美しいと私は思うのです。

この高く澄み切った青空、掃いたような白い雲を見たときは小林正観の形見だと思ってほしい。

そして夜空を見上げたときに満天の星だった。

そんな美しい星空を見たら私の贈り物なんだ、と思っていただきたいのです。

さらには、照っている太陽も、山の彼方から上がってくる美しい朝日、山の彼方に沈む美しい夕陽、そういうものも全部小林正観の形見だと思ってほしい、というわけです。欲張りです。

私が先につくってしまったからといって、皆さんはがっかりすることはありません。

ブナの原生林、せせらぎの音、落差の大きな滝、セミの鳴き声、蓮の花の開く音など、美しいものはほかにもたくさんあります。今のうちに詠《よ》んでおくことをお勧めします。

「それは私の形見なんだ」と言ってしまったものの勝ちです。

そういうものを見たとき、聞いたときに自分を思い出してもらえるという意味で、こういう形見はとても楽しいものではないでしょうか。

7つの喜びの言葉「祝福神《しゅくふくじん》」

良寛さんは、最期の瞬間まで、口から出てくる言葉が「愛語」という人でした。

私たちの口から出てくる言葉はどうでしょうか。

「つらい」「悲しい」「苦しい」「つまらない」「いやだ」「嫌いだ」「疲れた」といった言葉をたびたび口にしていないでしょうか。

私は、「不平・不満」「愚痴」「泣き言」「悪口」「文句」の5種類を口にしないよう戒めるために、それらを**「五戒《ごかい》の言葉」**と名づけました。

反対に「喜びの言葉」というものも集めました。

「うれしい」「楽しい」「幸せ」「愛している」「大好き」「ありがとう」「ツイてる」の7つです。

これを、**7つの祝福の言葉として、「七福神」ならぬ「祝福神」と名づけました。**

なるべく「五戒」を口にせずに「祝福神」を口にするようにする。そのように生きていくというのが、良寛さんほどではないにしろ、普通の人ができるかもしれない実践です。

たとえば、友人と食事をしていたとします。そのときにこんな話をしたとしたらどうなるでしょうか。

「自分は本当にツイてない。いい会社に就職できなかったし、上司にも部下にも恵まれない。結婚生活は最悪だし、子どももかわいくない。友人にも恵まれていない。本当にこんなにひどい人生ってあるものか。どうして俺はこんなにツイてないいんだろう」

それを聞いていた友人は、

「そのツイていない人生の一部を自分も担《にな》っている。そんなふうにこの人には思われているんだ」

「この人からは大事な友人だと思われていないんだ」

と認識することになります。


そんな人と話をしていても、どんどん元気がなくなるだけです。ゆえに、「この人と一緒に食事をしよう」、あるいは「この人と一緒にいたい」という人はどんどん減っていくことでしょう。

自分の愚痴や泣き言を言っているだけのようですが、実は心ある友人たちをどんどん遠ざけていることにほかならないのです。

逆に、こんなことを言う人がいたとしましょう。

「自分はものすごくツイてるんです。本当に幸運です。素敵なパートナーに支えられて、子どもも健康に育っている。会社の上司、先輩、同僚、後輩にも恵まれています。いい友人もいる。やることなすことが全部ツキまくっていて、本当に自分ほど幸せでラッキーな人間はいないと思います」

その言葉を聞いた友人は、

「自分もそのラッキーな人生の一部だ」と受け止めます。

「あなたと一緒にいる時間も幸運でラッキーな時間なのですよ」と言われている

ようなものですから、その言葉を聞いた人はどんどん元気になります。

「この人ともっとたくさん一緒にいたい」と思うでしょう。

「自分は幸運だった」と言うのは謙虚な人

前にも述べましたが、松下幸之助さんはいろいろな事件の度に「わしは運が強い」「わしは運の強い人間だ」ということを言い続けた人でした。

その事件の詳細を知ると、どうも普通の人はそういう状況にならないのではないか、そういう出来事に遭遇《そうぐう》しないのではないか、ということが多いのですが、幸之助さんはそうは思わないのです。

九死に一生を得るような事件があると、「わしは運が強い」「わしはラッキーだ」「わしは幸運だ」ということを言い続けました。

本当に運が強い、本当にラッキーな人というのは、九死に一生を得るような出来事や事件に遭遇しないと思うのですが、幸之助さんはそういう考え方ではなかったのです。

どんなことに対しても、何であっても、常に「わしは運が強い」「幸運だ」と言い続ける人でした。

松下電器（現パナソニック）が大企業になっていく途中、就職希望の学生たちを幸之助さんみずから面接していた時期がありました。

面接に来たすべての学生に、幸之助さんはこう質問します。

「あなたは、いままでの人生を振り返って、ラッキーだったか、アンラッキーだったか、どう思いますか」

そこには東大や京大の優秀な学生も数多く来ていましたが、どんな優秀な学生でも、「いままでの人生は苦労が多く、不運だったと思います」と答えた人を、幸之助さんは採用しなかったそうです。

「ちょっとラッキーだったかもしれません」という人も採りませんでした。採用したのは、「私はツイていました」「ラッキーの塊でした」「幸運の連続でした」と答えた人だけ。そのように答えた人をことごとく採用したらしい。

のちにその人たちが、課長、部長といった社内の中核を占めるようになった頃、人々に夢を与えるような、楽しさを与えるような商品が次々に生まれました。当時の松下電器で発売された商品はすべて奇跡的な売れ方をしたのです。

「自分はツイてる。本当に恵まれてきた」と言える人というのは、心の中に「明るいもの」を持っています。

別の言葉でいうと「感謝の心がある」ということにほかなりません。

「自分の力で生きてきたんだ。自分の能力で生きてきたんだ。自分の努力で生きてこられたんだ」と言っている人に、神様はあまりいい顔をしないのかもしれません。

「自分はラッキーであった。ツイてた。幸運であった」という認識を持っている人は、ひと言で言うと「謙虚な人」なのかもしれません。

幸之助さんはそのように考えていなかったかもしれませんが、結果的に謙虚で明るい人をたくさん採用することになりました。

その結果として、松下電器はとても楽しい商品を次々と世に送ることになり、ついにはまさに「明るいナショナル」になっていくのです。

「口に出せば願いは叶う」の誤解

ここでひとつ言っておかなければならないことがあります。

「言葉が現象化する」という法則についてです。

「言葉が現象化する」と言うと、多くの場合、誤解されている部分があるようです。

「こうなりたい。ああなりたいと口に出して言うと、それが実現する」という「誤解」です。

言葉が現象化するというのは、言葉にして口に出して言うと「その夢や希望が実現する」という意味ではなくて、**「その言葉をまた言いたくなるように現象が**

セットされる」ということを言っています。

これが私の発見した宇宙法則です。

「言った言葉が、念じたことが、そのまま実現する」「夢や希望が実現するんだ」という宇宙法則は、私の中にはありません。

たとえば「県で売り上げナンバーワンになりたい」と思った場合。それを年間100回口にしたとすると、来年も年間100回その言葉を言っているように現象がセットされるということのようです。つまり県でナンバーワンにはなかなかなれない、ということを意味しています。

神社仏閣に行って、良縁祈願というものをお願いしたとします。

「素敵な人と出会わせてください。いい人と結婚したいのです」

と100回お願いをしたとします。

そうすると、その言葉をまた言いたくなるように現象がセットされます。

つまり、素敵な人、いい人にはなかなか出会わない、という現象が起きるのです。

同じように、「商売繁盛をお願いします」と1000回言ったとします。1000回それを言ったことによって、また同じ言葉を1000回言いたくなるように現象がセットされます。

つまり、「よく繁盛するようになったな」と言えるようにはならないということです。

私が掌握《しょうあく》した「言葉が現象化する」というのはそういう意味です。

「言ったとおりの言葉を、言った数と同じ数だけまた言いたくなるように、現象がセットされる」というものです。

「ありがとう」を言った数だけ、またそれを言いたくなる現象が降ってくる

　では「言葉が現象化する」、つまり「その言った言葉をまた言いたくなるように現象がセットされる」のであれば、どういう言葉を選べばいいのでしょう。「最も効率のいい言葉」は何でしょう。

　たとえば、**「うれしい」**という言葉を一年間で1000回言ったとします。そうすると、その「うれしい」という言葉をまた1000回言いたくなるように、来年は現象がセットされます。

「楽しい」という言葉を2000回言ったとします。

その「楽しい」という言葉をまた2000回言いたくなるように現象がセットされます。

「幸せ」という言葉を3000回言ったとします。

その「幸せ」という言葉を3000回言いたくなるように現象がセットされます。

私が考える一番効率のいい言葉は、「ありがとう」です。

「ありがとう」という言葉を1万回言ったとします。

そうすると、「ありがとう」という言葉を、また1万回言いたくなるような現象がセットされ、次々に降ってくるのです。

しかし、何か狙いを定めて「これを実現するぞ」と言ったときには、それを要求していることにほかなりません。

したがって、**その要求したことを繰り返し要求することになります。**つまり実現しません。

「うれしい」「楽しい」「幸せ」、そして「ありがとう」という言葉を、何千回何万回と宇宙に向かって言ったとすると、その言葉を同じ数だけ言いたくなるように宇宙の現象がセットされます。

そして、「うれしい」「楽しい」「幸せ」「ありがとう」と言いたくなるような現象が降ってくるのですが、「それがどんなこと」であるのかは誰にもわかりません。だから楽しいのです。おもしろいのです。そして、ワクワクします。ドキドキします。このワクワク感、ドキドキ感というのは、何にも代え難いおもしろさであり楽しさです。

「願いごと」は神様をがっかりさせる

あるお花屋さんをやっている人が、私に質問をしました。

「10年前に店を出しました。小さくてもいい、10軒の支店を持ちたいと願ってやってきたのですが、1軒も増えていません。どうしたらお店が増えるのでしょうか」

私はその人にこう質問をしました。

「お客さんがよく来てくださるのですね」

「もちろんそうです。皆さんよく来てくださいます」

「お店はかろうじて成り立っているのですね」

「本当にかろうじて成り立っています」

「そうですか。では、そのお客様に感謝したことがありますか」

その方は「えっ」と言ったきり次の言葉が発せられませんでした。

「もっと売り上げを上げたい。店を増やしたい」――そのことばかりを念じて、今の状態に満足するとか、感謝をしたことがなかったそうなのです。

「神様は、それを聞いて、ずいぶんがっかりしているのではないでしょうか」と、私は申し上げました。

このモノが売れなくなっている時代、不況の時代に、まず削られるのは、お花などの費用などではないかと思います。そういうときに花屋を開いて、10年間ずっと存続しているというのはすごいことです。

その意味でいうと、それだけでもすごく恵まれています。

家族みんなで力を合わせてやっているから、神様もそれなりに応援してくれました。その応援の素晴らしさ、ありがたさもわからずに、「もっと売り上げを増やしてください。もっと繁盛させてください」と願うこと自体が、「もっともっと、まだまだ」と不平不満を言っていることになります。

結局、**そうしたお願いは、「今の状態では気に入らない。このままでは不満なのだ」と、神仏に宣戦布告しているようなもの**です。

宣戦布告された神や仏は、その宣戦布告をした人の味方になることはたぶんないでしょう。

「まがりなりにも何とかやってこられました。本当にありがたいことです。お客様、ありがとうございます。神様、仏様、ありがとうございます」

これを1万回言ったとすると、その「ありがとう」がまた1万回言いたくなるように現象がセットされる、というのが宇宙の大法則です。

繰り返しますが、「言葉が現象化する」というのはそういう意味であって、願い事や要求をぶつけたらそれが叶うという、そういう法則になっているのではありません。

神仏には「要求」ではなく「感謝」を

ちなみに、神社仏閣に対して「祈る」とか「願う」という言葉があります。

「祈る」の「い」は神聖、斎《いつき》（物忌《ものい》み）の意味で、「のる」は「宣《の》る（神意《しんい》を表す）」が言葉の語源です。

つまり、「神の名を口にすること」、これが「祈る」という言葉の本来の意味で、もともとは、「神に祈る」ではなくて「神を祈る」でした。

ですから、神様に「願いをぶつける」「要求する」という意味は、「祈る」にはありません。

また、「願う」の言葉の語源は「労《ねぎら》う」です。「ねぎらう」とは「いろいろやって下さって、ありがとう」という「感謝」の意味を込めた言葉です。

「祈る」も神に対する「感謝」であり、「願う」も本来は神に対する「感謝」でした。

ですから神社仏閣、神仏に対する「祈り」や「願い」というものの本質は、「感謝をしにいくこと」「ありがとうを伝えにいくこと」だったのです。

今まではこの部分が誤解されてきました。「祈り」や「願い」ということが、「要求をぶつけること」「何かを叶えてほしいと言うこと」であると信じ込まれてきました。

話を元に戻しましょう。願い事や要求というのは、結局は不平・不満を言っているにすぎないのです。そうなっていないことを恨んでいる、呪っているということにほかならないのではないでしょうか。

感謝をするということから一番遠いところにあるのかもしれません。

このことがわかってしまったら、これから口に出す言葉は「うれしい」とか、「楽しい」とか、「幸せ」「愛している」「大好き」「ありがとう」「ツイてる」という言葉に尽きるのではないでしょうか。

「ありがとう」と言った言葉の数だけ、またそれを言いたくなる現象が降ってくる。そう考えただけでも、楽しく、ワクワクするではありませんか。

運命好転 第十条

おまかせすること

運命が運んでくることを思いを持たずに
淡々とニコニコとやる。
すると流れが見えてくる。
人生が面白い方向に展開していきます。

悩みや苦しみがなくなる「4つの悟り」

2500年前、お釈迦様はこんなことを言いました。

「人生は、苦に満ちている。苦の集積である」

これを苦の悟り、「苦諦（くたい）」といいます。

お釈迦様が悟った道のりはいくつもあります。その中でもよく知られる「四諦（したい）」という4つの悟りのうちのひとつ目です。「諦」という文字は、ある種の心の落ち着きや悟りを示しています。

2つ目は、**「執着が、悩み・苦しみの元である」**という悟りです。これを「集諦（じったい）」と言います。

そして、**「悩みや苦しみの根源である執着をなくすことで、人間は悩み・苦しみから救われる」**というのが、3つ目の悟りである「滅諦（めったい）」というものでした。

4つ目の悟りは、「道諦（どうたい）」。「道」とは行なうこと。実践すること。**「執着が心に浮かんできて、その結果、悩み・苦しみが生じたのだから、その執着を『滅する』、つまり執着を捨てるということを、日常生活のあらゆる場面で実践していけばいい」**という悟りです。

「苦《く》・集《じゅう》・滅《めつ》・道《どう》」、これが「四諦《したい》」というものです。この4つの悟りを実践することで、お釈迦様は、悩みや苦しみから離れ、自由の境地に達する、つまり、「解脱《げだつ》」できたそうです。

この「苦・集・滅・道」に関してはかなり知られていますが、「苦」というものがかなりの誤解を受けているので、ここで説明をしておきましょう。

お釈迦様が唱えた「苦」とは

お釈迦様のおっしゃった「苦」とは8種類しかありません。

よく「四苦八苦」という言い方をしますが、「四苦」と「八苦」を合わせて、「苦」が12種類あると誤解されている方がいます。「四苦八苦」とは、「四苦」と「四苦」を足して「八苦」、合計で8つの種類しかありません。

ちなみに、12月31日の夜から1月1日の朝にかけて除夜の鐘を撞きますが、ここにも「四苦八苦」が登場します。

除夜の鐘の数は百八つ。煩悩《ぼんのう》の数だと言われています。

煩悩の数がどうして百八つなのかについては諸説ありますが、一番簡単なのは「四苦（4・9）」だけで掛け算をして36。「八苦（8・9）」を掛け算して72。36

と72を足して合計108というものです。日本人は語呂合わせの好きな民族なのです。煩悩が百八つというのはお釈迦様の言葉にはまったくありません。

話を元に戻しましょう。お釈迦様が規定をした「苦」の8種類とは次のようなものです。

①「生」、②「老」、③「病」、④「死」、これが「四苦」です。

さらに、⑤「愛別離苦《あいべつりく》」、⑥「怨憎会苦《おんぞうえく》」、⑦「求不得苦《ぐふとくく》」、⑧「五蘊盛苦《ごうんじょうく》」、この4つを加えて合計「八苦」となります。これを「四苦八苦」と呼びます。

この「苦」という言葉が日本に入ってきたとき、「苦しい」「苦しみ」という訓読みを当ててしまったが故に、「苦」＝「苦しみ」という意味にとらえられるようになってしまいました。

ですが、お釈迦様が遺した「苦」の意味は本来違うものです。

お釈迦様がおっしゃった「苦」とは、「思いどおりにならないこと」という意味でした。

生まれ出るときに自分の性別を選ぶことができない。氏素性《うじすじょう》を選ぶことができない。親、兄弟を選ぶことができない。国を選ぶことができない。時代を選ぶことができない。という意味で、思いどおりにならないことのひとつ、それが「生」です。

「老」は、自分が望んでいないのに、勝手に年をとっていくことを言います。これも思いどおりにならないことのひとつです。

3つ目の「病」、4つ目の「死」も、自分が望んでもいないのに勝手に訪れ、思いどおりになりません。

5つ目の「愛別離苦《あいべつりく》」は、愛している人と別れなければいけないことです。

6つ目の「怨憎会苦《おんぞうえく》」というのは、怨んで憎んでいる人と会わなければいけないことです。

7つ目の「求不得苦《ぐふとくく》」は、求めるものが得られないことです。

さらに最後の「五蘊盛苦《ごうんじょうく》」というのは、五蘊があまりにもシャープに、鋭敏に働きすぎるが故に、それが「苦」になっているというものです。

「五蘊」とは、「色《しき》」「受《じゅ》」「想《そう》」「行《ぎょう》」「識《しき》」の5つを言います。

「色」とは、形のあるもの、人間の姿形も「色」です。形あるものが「色」。

その形あるものを見て、何かを感じ、受け止めた。これが「受」。

その受け止めた結果として、何か思いが生じた。これが「想」。

その想いの結果として自分の体が動いて、何か行為・行動をしたというのが「行」。

そして、それがどういう形で収まったかという認識を頭の中に入れ込んだのが「識」というものです。

つまり、五蘊とは、ある事象を（＝色）、自分がどう感じ（＝受）、どう思い（＝想）、どう行なったか（＝行）、どう認識したか（＝識）、ということを全部含んだ5つの感覚レベルのことをいうのです。

この人間の感覚というものも、自分が勝手に決めていることであって、宇宙的には何も規定されていないものである、というのがお釈迦様の考え方でした。

「暑い」とか「寒い」とか、そういうものも宇宙的に決まっているわけではなくて、個人の感想・感覚で全部決まっているのだと。

痛いの痒《かゆ》いの言っていることも全部自分の感覚で決めている。

決してそれが宇宙的に決まっているものではないのだ、ということをお釈迦様は伝えたかったのだと思います。

さて、「苦」とは「思いどおりにならないこと」という意味でした。

「苦」とは「悩み」「苦しみ」のことを言うのだと誤解されますが、「苦」の本質は、**「自分が思いどおりにしたいのに、それが叶わないこと」**です。

であるなら、**「思いどおりにならないこと」をつくりださないために、「人生のすべてのことは、思いどおりにならないもの」と思い定めること**もひとつの方法です。これは、東洋的な解決方法のひとつと言えます。

思いどおりにならないことばかりなのだから、もともと思いどおりにならないものだと思い定めてしまえば、それで諦めがつくかもしれません。ある種の「悟り」でもあるのでしょう。

楽しく幸せな生き方ができる「おまかせの法則」

もうひとつさらに奥の深い「悟り」というものがあります。それは**「思いを持たないこと」**という考え方です。

「思い」そのものがなければ、「思いどおりにならないこと」も生じません。

たとえば、ボールを壁に向かって思いっきり強く投げつけたとします。そうすると強いボールが返ってきます。

今度は、弱い力でボールを壁にぶつけたとします。すると、弱いボールが返ってきます。

これと同じで、**自分の「思い」が強ければ強いほど、思いどおりにならないというイら立ちは強くなります。**

「思い」が弱ければ弱いほど、思いどおりにならないといういら立ちは弱くなります。それならば、**「思い」を持たなければいい**のです。

この宇宙の大原理、大法則を、私は「おまかせ」と名付けました。

「思い」を持たなければ、どこにも悩み苦しみなどは生じないのです。

たとえば、病気をしても、「この病気を治すぞ。絶対克服してみせるぞ」というような強い思いをもたなければ、悩み・苦しみにはなりません。

すべてを受け入れて、すべてをゆだね、ただベッドの上でのんびりしている。体中の力を抜いて「おまかせ」をしていると、体に力が入っているよりは治りが早いようです。

そういう根底的なものの考え方、宇宙に対する接し方というものを「おまかせ」と規定しました。

この話をすると反論する方がいます。

「そうやって、まかせておくだけでいいのか。人間には夢や希望が必要なのではないか。『思い』をたくさん持って、その『思い』を実現することが人間として立派なことではないのか」と。

これは「西洋文明」の考え方でもありますが、私たちは、「思いを持つこと」や、「足りないものをリストアップしてそれを手に入れること」が幸せであると教えられてきました。

「成績を上げるために、もっと勉強しなければならない」「今以上の成果を出すために、もっと働かなければならない」といった「思い」をたくさん持って、その「思い」を実現させようと努力したい人はすればいいのです。

頑張りたい人は頑張ればいいと思います。

私は努力や頑張りをしてはいけないと言っているのではありません。

夢や希望といった「思い」をたくさん持ち、その結果として思いどおりにならないことがたくさん生じて、それによって苦しんでいる。それが好きなのであれば、そのような生き方をすればよいと思います。

私が言っているのは、**悩み苦しみをゼロにする方法が東洋的にはあるのだ**、という話です。

「思い」を持たなければ「思いどおりにならないこと」というのは生じない。故に「思い」を持たなければラクな生き方ができる。楽しく幸せな生き方ができるのではないでしょうかということです。

人生のシナリオを「読める人」「読めない人」

「思い」を持たない人生というものを想定することは難しいと思います。

私たちは、「夢や希望をたくさん持ち、それを実現させることは立派なこと。素晴らしい人生なのだ」と教え込まれてきました。

ですが、何度も言いますが、私たちの人生はもう決まっているようなのです。「こういうことをやるためにこの世に生まれてきた」ということが、自らのシナリオによって決められているようです。

その流れなり、シナリオなりが、読み取れる人もいますが、読み取れない人もいます。「読み取れない人」には共通項があります。

それは、**「好きなことはやりますが、嫌いなことはやりません」「夢や希望のためには努力を惜しみませんが、それ以外はしません」という意味で「自我」がものすごく強い人**です。

反対に、「流れが読み取れる人」というのは、そうした「自我」がほとんどない人です。

「いつでもやるはめになったことはやります。自分がやらなくてはいけないような状況になったら笑顔でやります」と、「おまかせ」ができる人です。

「おまかせ」をしていない人はほとんど流れが見えてこず、「おまかせ」をしている人は流れがよく見えてくるのです。

「自我＋おまかせ＝100」の法則

宇宙の大法則に、「自我＋おまかせ＝100」という法則があります。

「自我」とは、「好き嫌いで物事を選ぶこと」です。

たとえば、「自我」が90の場合は、「おまかせ」が10、「自我」が50の人は「おまかせ」が50となります。

物事を自分の好き嫌いで選ばずに、やるはめになったことは黙々と笑顔でやる

ということを続けていると、自我がゼロになり、「おまかせ」が100になります。

この「おまかせ100の状態」というのは、とてもおもしろいものです。

自分が想定していることとは全然違うので、どんなことをやるはめになるのかがわかりません。

ただ、そういうものがやってきたときには「やるぞ」と決めている「消極的な積極性」があります。ですから人生がかなりおもしろく展開するのです。

「おまかせ」している人生というのは、無気力で投げやりな人生というのではありません。「自分で思いを持たない。自分で自分の人生を勝手に決め込まない」ということです。

何をするためにこの世に出てきたのか、自分ではわからないのです。自分ではわからないように、生まれてくるときに記憶を消し去ってしまいました。

もし記憶をそのままずっと持っていたなら人間は大変だと思います。幼い頃に勉強するなどということはたぶんないでしょうし、大人になってからも「これをするために生まれてきたんだ」と、わがままを振りまくに違いありません。記憶を引きずっているがゆえに、逆にわがままな人になってしまう可能性があります。記憶を消し去って生まれてきたがゆえに、逆に「おまかせ」ができるという条件が整ったのです。

ただ淡々と黙って笑顔でやっていくということが、どうも「おまかせ」の一番おもしろい部分のようです。

た行「淡々」と、な行「にこにこ」と、は行「飄々《ひょうひょう》」と、ま行「黙々」と、やっていくだけ。それこそが楽しい人生なのかもしれません。

やるはめになったことを、ただ淡々と黙って笑顔でやっていく。すると流れが見えてきて、人生が面白い方向に展開していきます。

そういう人には、神様は「じゃあこれをやれば。あれをやれば。これもできるかな」というようにどんどん持ち込んでくるような気がします。

神様が示してくれることは、自分が設計し、用意していたものですから、自分にとって悪いようにはなっていないようです。

人生最大の「おもしろさ」とは

「思い」を持ってはいけない、と言っているのではありません。
「思い」を持つことで、それが自分の人生に張りを与え、おもしろさや楽しさを与えてくれるならば、たくさん持っていてもかまわないと思います。

私が言っているのは、「悩み・苦しみというものがある人は、とても『思い』が強い」ということです。「思い」が強ければ強いほど「思いどおりにならないこと」がたくさん生じるのです。

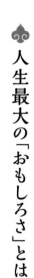

ですから「思い」を持っていることが楽しいとか、おもしろいとか、愉快だとか、それが自分の人生の根幹を支えている、と喜べる人であるなら、「思い」をたくさん持っていてもかまわないと思います。

しかし、悩み・苦しみが多い人は、常に「思い」がとても大きいのだ、多いのだ、ということを理解しておいたほうがいいでしょう。

「和顔」のところでも述べましたが、穏やかな顔、和やかな顔をしていると「頼まれごと」が増えます。

その頼まれたことを、自分であああだこうだ言わずに、「ハイわかりました」とやっていく。その結果として、人生がおもしろい方向に展開します。

それこそが人生の最大のおもしろさであり、楽しさであるような気がします。

運命好転 第十一条

投げかけること

笑顔を投げかけると
笑顔に囲まれる。
運命好転の投げかけは、
「喜ばれるように生きること」。

「投げかけたものが返ってくる」という大法則

宇宙には、**「投げかけたものが返ってくる」「投げかけないものは返ってこない」**という大法則があるようです。

「愛すれば愛される」「愛さなければ愛されない」「感謝すれば感謝される」「感謝しなければ感謝されない」「嫌えば嫌われる」「嫌わなければ嫌われない」というとても単純な法則です。

笑顔に囲まれたいのであれば、笑顔を投げかけること。

たくさんの笑顔を投げかけていると、将来的に笑顔に自分が囲まれることになります。

不機嫌を投げかけていれば、将来的に不機嫌に囲まれることになります。

たとえば、子どもの顔を見ればあら探しをして、小言を言ったり、叱りつけてばかりいる親は、将来的に同じ言葉を浴びせられることになります。

自分が親で相手が子どもというときはまだよくても、子どもが大きくなり、自分は年を取り、老いて、体力的にも劣ってきたときに、今度は自分が同じことをされるはめになります。

ある中年の女性が私のところに来てこんな質問をなさいました。

「三人姉妹の末っ子ですが、姉2人は今入院中の母親が大嫌いで見舞いにも来ません。顔を見るのもいやだ、話をするのもいやだ、と言っています。

あまり病状もよくないので、子どもが誰も行かないというのはひどいと思い、私が無理していつも見舞いに行っています。
でも、見舞いに行く度に、嫌味や、皮肉、小言、悪口、不平・不満などを聞かされ、私もうんざりして精神的にまいっています。
見舞いに行くのがとてもつらくてしょうがないのですが、やはり行ったほうがいいのでしょうか。これから私はどうすればいいのでしょうか」

私の答えは次のようなものでした。

「親が3人の娘に対して嫌われるようなことをずっとやってきた、あるいは言ってきたわけですよね。
そういう関係をあなたのお母さん自らがつくったのだから、無理をしてあなたが行く必要はないと私は思いますよ」

3人の娘全員から嫌われるような態度を、ずっとお母さんは取り続けてきたわけです。そして、体が悪くなって入院したそのあとも、ずっと娘たちに対して態度を改めることをしなかったのです。

私は儒教的な親孝行というのを支持しません。親であろうと、年長者であろうと、本来、その人間関係を温厚に、温和に保つための努力をすべきだと私は思います。

その方は私の答えを聞いて、「とても楽になりました。ありがとうございます」と、満面の笑顔でとても楽しそうにお帰りになりました。

このようなことがわかったら、自分の人生を将来的につくり変えることができます。

温かさに囲まれたい人は、温かさをたくさん投げかければいいのです。

やさしさに包まれたいのであれば、やさしさをたくさん投げかければいいのです。

不機嫌に囲まれたいのであれば、どんどん不機嫌を投げかければいいのです。嫌味や皮肉の言葉に囲まれたいのであれば、嫌味や皮肉をたくさん投げかければよいのです。

宇宙の法則はとても単純で簡単です。とてもわかりやすい仕組みになっています。

「喜びの倍返し」を受け取る方法

それまで一度も会ったことのない人から、こんな質問を受けることがありました。

「毎日が楽しくありません。死んでしまいたいのですが、自殺してもかまわないでしょうか」

初めて会った方なので、その人がこれまでどういう人生を歩んできたのか、私はまったく知りません。その人の人生に関して私がとやかく述べる立場にはありませんし、そんな資格もありません。

そういう質問をされたときの私の答えはいつも同じものでした。

「生死に関して私がとやかく述べる立場ではありませんが、ひとつだけ質問があります。あなたは今まで『投げかけ』てきたものがありますか」

その問いに返ってくる答えは、決まっていました。

「『投げかけ』って何ですか?」

こういう人たちは、自分から何かを「投げかける」ことをしてきていませんし、考えたこともありません。

ということは、当然のことながら、自分が喜ばれるように生きてきたことがない、ということを証明しています。まわりの人に喜ばれるように自分が生きてきたならば、同じようにまわりの人が自分を喜ばせてくれるような状況でその人は生きているはずなのです。

「楽しいことが何もない」というのは、自分から楽しいことを投げかけていないからです。

「みんなが自分を愛してくれない」のは、自分からは何もしていないからです。

そこで私はいつもこんな提案をします。

「死ぬのを3年延ばして、騙されたと思って3年間の『投げかけ』をやってみてはいかがですか?

投げかけたものが返ってくるまでに3年かかります。

投げかけたものが返ってきて、楽しい状況になってから死ぬことを考えても遅くはないと思います」

投げかけを続けると、3年ほどで自分のまわりが変わるように思います。

3年間同じことを続けていくと、3年後にはその投げかけたものの集積に囲まれるようになります。

楽しい話を3年続けていれば、3年後は楽しい話に囲まれることになります。
不機嫌を3年間続けていれば、3年後は不機嫌な人に囲まれます。

そういう話をすると、相談してきた人は、「何を投げかければいいのでしょう」と聞いてきます。

これまで投げかけをしたことがないのですから当然です。

そんなとき私は、「思い浮かばないようでしたら、人に喜ばれることを投げかけることから始めてはどうでしょうか」と提案しています。

前にも述べましたが、人間は「喜ばれるとうれしい」という本能を神様からいただきました。

ですから、人から喜ばれると自分の心の中に「うれしい」という喜びが湧いてきます。

人から喜ばれたその瞬間に自分の喜びが得られるのですから、十分に対価をいただいているわけですが、その喜ばれるという状況を自分が「投げかけた」結果として、さらにその数年後、自分も喜ぶ状況に囲まれることになります。

つまりダブルで喜びがいただけるのです。

「喜ばれるとうれしい」＋「同じ状況に自分が囲まれる」ということです。

「死んでしまいたい」と言ったほとんどの人が、「そうですか」と笑顔を見せずに去っていきますが、その数年後、

「何年間か『投げかけ』をしてきた結果、ものすごく楽しく幸せな日々に囲まれています」

と満面の笑みで私の前に現われます。「『投げかけ』をしてみてください」と私が答えた人の中で、そのまま死んでしまった人はひとりもいません。

「損得勘定」で生きる

もしも、「自分の人生が楽しくない」と思うのであれば、今、ここから「人に喜ばれること」を「投げかけ」てみたらどうでしょう。

「これが喜ばれるだろう。あれが喜ばれるだろう」と試行錯誤を繰り返しながら、もしわからないときには「頼まれごと」をして、それに身を委《ゆだ》ねて生きていくのです。

ただ、ここでひとつ注意をしておかなければいけないことがあります。

それは、

「人に喜ばれるためには、自分はがまんしなければならない」

「自分はとてもいやだけど、世のため人のためだと思ってしょうがないからやる」

という考え方です。

私はそういう考え方をすすめません。

「投げかけたものが返ってくるのだから、自分の得として投げかけたほうが良い」「投げかけなければ損」ということを言っています。

損得勘定でいいのです。

自分が楽しいと思えること、その手応えを感じながらやっていくことをおすすめします。

「喜ばれるとうれしい」という本能をいつも確認しながら生きていると、人生は楽しいのです。

運命好転 第十二条

食生活

お金のあるなしで生活を変えず、
食べ物を変えないこと。
これが運の大法則。

観相学の大家《たいか》・水野《みずの》南北《なんぼく》が発見した「運の大法則」

江戸時代中期、水野南北という人がいました。日本の観相学の大家です。

本格的に「相」を学ぼうと旅に出た水野南北は、あるときは、髪結《かみゆ》いの床の見習い、またあるときは、湯屋の三助業《さんすけぎょう》（背中を流す仕事）、そして、またあるときは、火葬場の焼き場の仕事をして過ごします。

頭の形、生きているときの体の形と死んだあとの骨の形（骨相）などを研究しました。

そうして様々な角度から研究を続け、人相、手相、骨相、墓相、家相、ありとあらゆる相学、観相学を究め、南北相法というものを完成させたのです。

晩年には門下生が800人ほど、しかもその一人ひとりがそれぞれプロの観相家で、200人とか300人とかの弟子を持っているという、とんでもない観相家でした。

しかし、観相学を究めれば究めるほど、水野南北は悩むことになります。不思議なことに、人相も手相もとてもいいものを持っていながら、運が衰えていく人がいる。逆に、人相、手相、家相どれをとっても悪いのに、運がどんどん上向いていく人がいる。

このように相学には必ずといっていいほど例外がある。例外がひとつもない相学というのはないものだろうか——というのがテーマでした。

そして、水野南北はついにその結論を得るにいたりました。

「万にひとつの誤りもなし」というものを見つけたのです。

それが、**「食生活」**でした。

簡単に言うと次のようなものです。

運が上向きになったときに食べ物が変わる、贅沢なものになる、華美《かび》なものになる、そのように食べ物を変えた人は必ず衰運《すいうん》になります。

逆に、どんなに自分の運が上向きになっても決して食べ物を変えない、贅沢にはならない、華美にならないという人は必ずや興隆運《こうりゅううん》になる、というものでした。

水野南北は晩年、相談に訪れた人の食生活を必ず聞きました。

そして、「そういう生活をしていたのでは運が下向きになりますね」「そういう食生活ならば必ず運が上向きになりますね」と、判断したのです。

この宇宙の大法則は、私が発見したものではなくて、水野南北が発見したものです。他人が発見したものではありますが、私自身が20歳の頃から40年間ずっと考えてきて、確かにそのとおりだと思えるものがありました。私自身はグルメでもありませんし、食道楽というのでもありません。そして、お金のあるなしによって食べ物を変えるということは、一切やってきませんでした。

会社員の方に、「給料日はフルコースで何千円のものを食べるが、給料日の数日前はカップ麺だけで我慢して過ごしている」と言う人がいます。

つまり、お金があるときにはいいものを食べるが、お金がないときは簡単にます、そういうお金の使い方です。これも同じように食生活の問題として大いに論じられるべきものになりそうです。

給料日であろうが、給料日の前日であろうが、同じような食べ物を食べる。つまり、給料日の後に美味しいもの、高いものを食べるという生活をやめて、普通の食べ物を普通に食べるという生活を1カ月間続けることです。

「お金によって生活を変えない。お金によって食べ物を変えない」というのが大原則です。

ただし、高いものを食べてはいけないということではないと思います。

たとえば、結婚した若夫婦が、結婚した日、毎月10日なら10日に2人で美味しいものを食べようと決めている場合などは、この限りではないと思います。

それは、お金が入ってくる、入ってこないに関係なく、そういう予定としてやっている、それを楽しんでいるというのであればいいと思うのです。お金が入ってきたら高いものを食べる。お金がないときは粗食ですます。こういう生き方は運命好転にはどうもよくないように思います。

お金の多少によって食べ物を変えないというのは、ひと言で言うと「謙虚さ」ということにつながるのかもしれません。

昔の人が言っていた「質素倹約《しっそけんやく》」ということでもあるかもしれません。「質実剛健《しつじつごうけん》、質素倹約で、贅沢をしない」ということは当たり前のようですが、現代のような「飽食の時代」にあっては難しいことかもしれません。

「お金の多少によって生活を変えないこと。とくに食べ物を変えないこと」

これが、水野南北が発見した「運の大法則」でした。

おわりに
「天運」を味方にして楽しい人生

運命を好転するための十二条を述べてきました。

読んでいただいたらおわかりになるかと思いますが、ひとつ実践するだけでも、神様や天上界から好意を持たれそうです。

それをもしふたつ重ねたら、とても気に入られそうな気がします。

それを3つ合わせてやることができたら、さらにさらに気に入られそうです。

もし十二条全部実践することができたら、間違いなく、ものすごくたくさんの応援・支援をいただけると思います。

たとえば、ひと月目にひとつ目、その翌月にふたつ目を「付け加える」というふうにしていくと、十二条ですから、ちょうど1年になります。
ひと月目にひとつ目をやって、ふた月目はふたつ目をやってというのではなくて、ふたつ目を**「付け加える」**という方法を提案しておきます。
上積みしていくという考え方です。

12カ月で十二条全部できるようになったとしたら、その人の人生はどんなに楽しいものになっていることでしょうか。

もし、この十二条全部を実践している人がいるとしたら、当然のことながら、神様はその人を応援したくなるはずです。

もちろんまわりの人もその人に好意を持つと思います。こういう人がまわりにいたら、味方になって応援・支援をしたくなるでしょう。

「運命」とは、運ばれてくるものです。

基本的には「人」によって運ばれてくるものなのですが、さらにいろいろな生物、あるいはいろいろな無機物、そして、天上界の方々によっても運ばれてきます。

「天運」をたくさん味方にして、楽しい人生をお送りください。

小林正観

本書は、小社より刊行した単行本を文庫化したものです。

小林正観（こばやし・せいかん）
１９４８年東京生まれ。作家。
学生時代から人間の潜在能力やＥＳＰ現象、超常現象などに興味を抱き、独自の研究を続ける。講演は年に約３００回の依頼があり、全国をまわる生活を続けていた。２０１１年10月逝去。
著書に『特別付録ＤＶＤ 人生が全部うまくいく「ありがとう」の不思議な力』（三笠書房刊）、『すべてを味方 すべてが味方』『神さまに好かれる話』（以上、三笠書房《知的生きかた文庫》）、『ありがとうの神様』（ダイヤモンド社）ほか、多数がある。

知的生きかた文庫

運命好転十二条《うんめいこうてんじゅうにじょう》

著　者　小林正観《こばやしせいかん》
発行者　押鐘太陽
発行所　株式会社三笠書房
〒一〇二-〇〇七二 東京都千代田区飯田橋三-三-一
電話〇三-五二二六-五七三四〈営業部〉
〇三-五二二六-五七三一〈編集部〉
https://www.mikasashobo.co.jp
印刷　誠宏印刷
製本　若林製本工場

ISBN978-4-8379-8770-3 C0130

知的生きかた文庫

「人間関係」「仕事」「健康」「お金」……
の悩みが“ゼロ”になる小林正観の本

すべてを味方 すべてが味方

実践すれば幸せになる、ちょっぴり変わった人生論

◇「3秒の悟り」で困ったことが、全く起こらなくなる ◇大切な人との絆がぐんと深まる「ものの見方」 ◇一生「幸せの海」に、ドップリつかっていられる秘訣 ◇「そ・わ・か」(掃除・笑い・感謝)を実践すれば、まわりに〝いい人〟が、どんどん集まってくる。……etc.

神さまに好かれる話

宇宙を味方につける法則！ わかった瞬間、とんでもなく楽しい人生が始まる——

感謝する人には感謝したくなるような現象が、愚痴を言う人には愚痴を言いたくなるような現象が次々に降ってくる——。「気持ちが楽になる」「味方が増える」など「得」する人生を引き寄せるヒント満載！ 正観さんの「智恵」が濃厚に詰まったバイブル的な1冊。

単行本 特別付録DVD 人生が全部うまくいく「ありがとう」の不思議な力

正観さんの「伝説の講演」がDVD付書籍に！

自分の能力を最大限に使いこなす方法をユーモアを交えてわかりやすく解説した講演『がんばらなくていいんです』(2001年収録)が待望のDVD付き書籍に！ 多くの人をトリコにした正観先生の「生の言葉」には圧倒的なパワーがある！

C30134

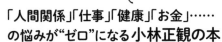

驚くほど
ツキに恵まれる
運命好転カード

「眺めてうれしい！」「携帯して楽しい！」「実践して幸せ！」お好みの方法でご使用ください。

絵・斎灯サトル

第一条

「さわやかであること」

お金や勝ち負けにこだわらず、
さわやかに生きる人を
神様は応援します。

第二条

「幸せを口にすること」

「私は幸せ」と言える人は謙虚な人。
「私ほど幸せな人はいない」と
言い続ける人は、幸せになる。

第一条

「さわやかであること」

お金や勝ち負けにこだわらず、
さわやかに生きる人を
神様は応援します。

第二条

「幸せを口にすること」

「私は幸せ」と言える人は謙虚な人。
「私ほど幸せな人はいない」と
言い続ける人は、　幸せになる。

第三条

「素直であること」

「だって」や「でも」と切り返さず、
「なるほど」「そうね」と
受け入れる生き方。

第四条

「誠実であること」

示された善意や好意を
「ありがとう」と受け入れ、
それに応える人間関係。

第三条

「素直であること」

「だって」や「でも」と切り返さず、
「なるほど」「そうね」と
受け入れる生き方。

第四条

「誠実であること」

示された善意や好意を
「ありがとう」と受け入れ、
それに応える人間関係。

第五条

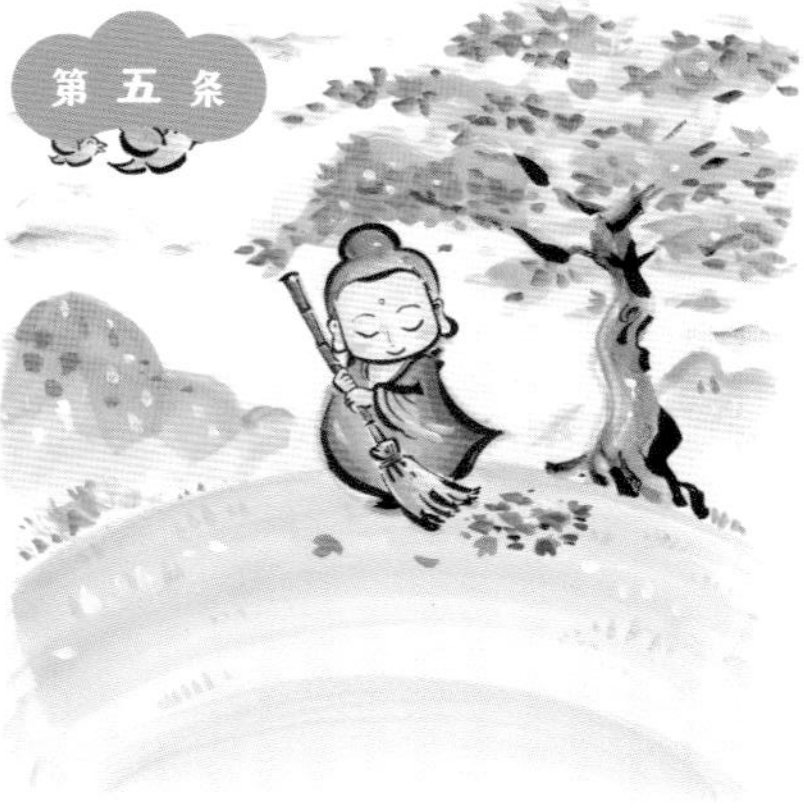

「掃除をすること」

神様はきれいな場所が好きらしい。
居場所がないとすぐに
出て行ってしまう。

第六条

「笑うこと」

自分の魂だけでなく
まわりの人の魂も、
元気になります。

第五条

「掃除をすること」

神様はきれいな場所が好きらしい。
居場所がないとすぐに
出て行ってしまう。

第六条

「笑うこと」

自分の魂だけでなく
まわりの人の魂も、
元気になります。

「感謝すること」

「ありがとう」の言葉が味方をつくり
人生を楽しくする。
日常生活を過ごしやすいものにしてくれる。

「人に喜ばれること（和顔《わがん》）」

人間には
「喜ばれるとうれしい」と
いう特別な本能がある。

第七条

「感謝すること」

「ありがとう」の言葉が味方をつくり
人生を楽しくする。
日常生活を過ごしやすいものにしてくれる。

第八条

「人に喜ばれること（和顔《わがん》）」

人間には
「喜ばれるとうれしい」と
いう特別な本能がある。

第九条

「言葉を愛すること(愛語《あいご》)」

口から出てくる言葉は
すべて贈り物。
贈った分だけ返ってきます。

第十条

「おまかせすること」

運命が運んでくることを思いを持たずに
淡々とニコニコとやる。
すると流れが見えてくる。
人生が面白い方向に展開していきます。

第九条

「言葉を愛すること(愛語《あいご》)」

口から出てくる言葉は
すべて贈り物。
贈った分だけ返ってきます。

第十条

「おまかせすること」

運命が運んでくることを思いを持たずに
淡々とニコニコとやる。
すると流れが見えてくる。
人生が面白い方向に展開していきます。

第十一条

「投げかけること」

笑顔を投げかけると笑顔に囲まれる。

運命好転の投げかけは、

「喜ばれるように生きること」。

第十二条

「食生活」

お金のあるなしで生活を変えず、
食べ物を変えないこと。
これが運の大法則。

第十一条

「投げかけること」

笑顔を投げかけると笑顔に囲まれる。

運命好転の投げかけは、

「喜ばれるように生きること」。

第十二条

「食生活」

お金のあるなしで生活を変えず、
食べ物を変えないこと。
これが運の大法則。